The ART of リラックマとカオルさん

主婦と生活社

Contents

- リラックマとカオルさん フォトギャラリー ……3
- 荻ヶ谷の町 ……17
- キャラクタープロフィール ……23
- ストーリーダイジェスト ……33
- リラックマとカオルさんファッション ……61
  - カオルさんファッション ……62
  - リラックマファッション ……68
- メイキング オブ リラックマとカオルさん ……71
  - スタッフコメント　　　dwarfプロデューサー ……72
  - スタッフインタビュー　荻上直子（脚本家）……74
  - スタッフインタビュー　小林雅仁（監督）× 酒井潤（撮影）× 新井朱句世（照明）……76
  - 制作風景 ……84
  - 思い出の写真たち ……86
  - アニメーターズセレクトシーン ……88
  - キャストインタビュー　多部未華子（カオルさん）……92
  - スタッフインタビュー　岸田繁（音楽）……93
  - スタッフインタビュー　帆足誠（編集）……94
  - リラックマとカオルさんプロモーション ……96
- 12話「出会い」絵コンテ ……97
- スタッフリスト ……127

Spring

Spring

Summer

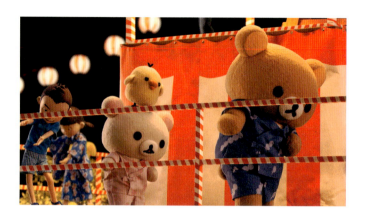

Autumn

Winter

荻ヶ谷の町

リラックマたちが住んでいる荻ヶ谷の地図やカオルさんの部屋など、
様々なシーンを覗いてみましょう。

荻ヶ谷MAP

カオルさんたちの住んでいる町・荻ヶ谷。色合いがオシャレでどこかノスタルジックな風景ですね。右ページの荻ヶ谷MAPは撮影が始まる前に小林監督が描いたものです。劇中に出てきた場所はもちろんのこと、映像では出てこない場所にもたくさんの設定が作られていました。

サクラコーポ

カオルさんたちの住んでいるアパート。屋根のレンガ模様や階段のデザインなど、こだわりが詰まっています。

公園

アパートの前にある公園は、第9話でコリラックマとキイロイトリが雪遊びをした場所。

橋の下

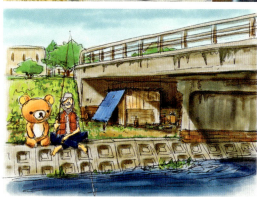

上）ホームレスの住処があります。リラックマたちと釣りをしたり、コリラックマとだんごを食べたりしています。
下）小林監督のイメージボード。きれいな川だからきっとよく釣れるのでしょう。

桜並木

上）第1話、4人でお花見をしているシーン。右ページと照らし合わせて見ると、川沿いに桜が咲いているのが分かります。
下）小林監督のイメージボード。カオルさんの隣には、劇中にも出てくるお弁当が見えます。

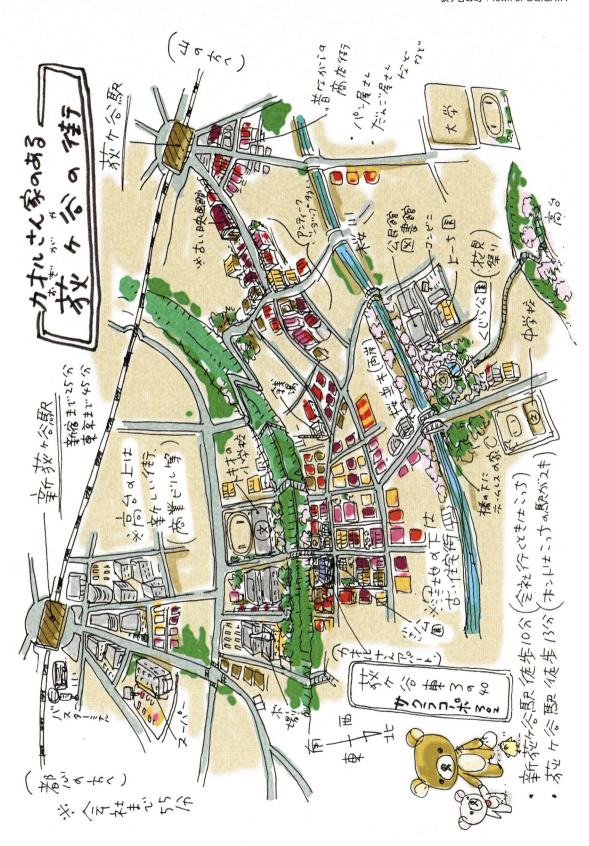

カオルさんの部屋

荻ヶ谷駅からしばらく歩くと、カオルさんの住んでいるサクラコーポがあります。周りには小学校や銭湯、公園があり、人の声が絶えなさそうな場所。カオルさんいわく「建て付けが悪くてすきま風が寒い」みたい。

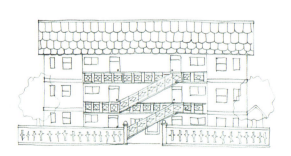

美術道具を作るため、初期に描かれたデザイン画。よく見ると屋根の造形や窓の位置が完成形とはちょっと違いますね。

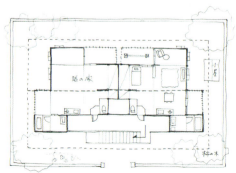

こうやってアパート全体の間取りを見ると、カオルさんの部屋は広いですね。これならリラックマたちものんびり暮らせそう。

荻ヶ谷の町 | Town of OGIGAYA

リビング

黄色いビーズクッションはカオルさんのお気に入りの一品。しかし、リラックマが居候してからはいつの間にか取られてしまっているようです。

サンルーム

日当たりの良いこの場所にはキイロイトリの鳥カゴが置かれています。ぽかぽか気持ちよさそう。

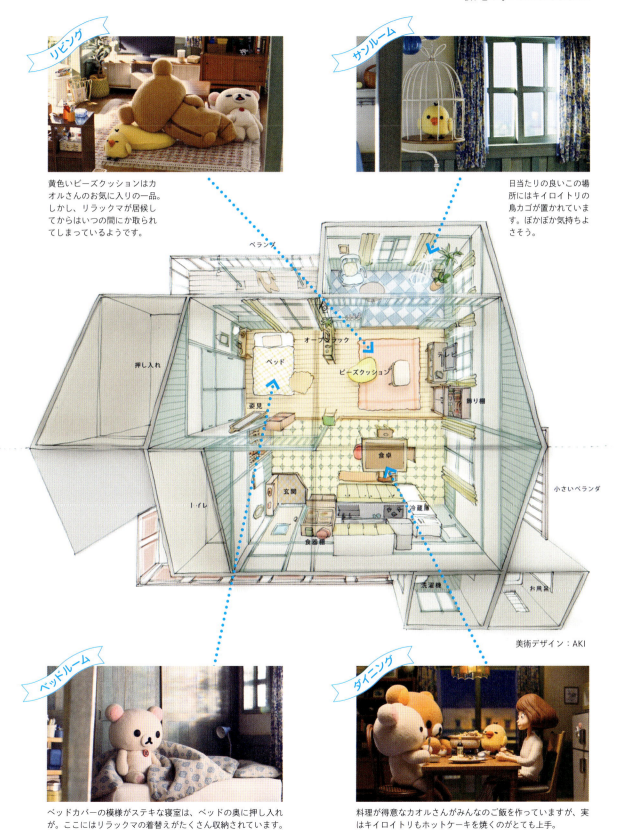

美術デザイン：AKI

ベッドルーム

ベッドカバーの模様がステキな寝室は、ベッドの奥に押し入れが。ここにはリラックマの着替えがたくさん収納されています。

ダイニング

料理が得意なカオルさんがみんなのご飯を作っていますが、実はキイロイトリもホットケーキを焼くのがとても上手。

鮫島物産

カオルさんの働いている会社・鮫島物産はどうやらここ最近の業績があまり良くないみたいです…。ちょっと生意気な後輩・サユちゃんやミカちゃん、不思議な動きをする加藤課長など個性的なメンバーが揃っています。

美術デザイン：AKI

サユちゃんやミカちゃんが合コンの相談をしていた女子トイレや、課長がゴルフの素振りをしていた窓際など、場所の照合をしていくと面白いですね。

カオルさんのいるフロアは7階。エレベーターの点検により階段で登るはめになった時には大変そうでした。

会社のロゴは屋上に掲げてあります。ちなみに、カオルさんの家にあるホットケーキミックスも鮫島物産のもの。

水色と白を基調としたオフィスの小道具にも注目。サユちゃんのデスクはかわいらしい色で統一されています。

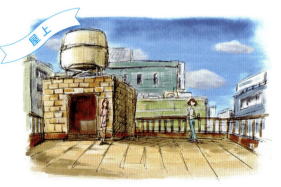

小林監督のイメージボードにはカオルさんとサユちゃんが。カオルさんはたびたび、屋上に上がっている様子。

キャラクタープロフィール

「リラックマとカオルさん」の物語を彩る、
個性豊かなキャラクターたちを紹介します。
小林監督のラフスケッチやイメージボードも掲載！

[カオルさん／Kaoru]

都内のちいさな商社「鮫島物産」に勤めるアラサーOL。真面目すぎる性格がコンプレックスで、吹っ切れたくて時々突飛な行動を取ってしまう。

物持ちが良くて、古い物も大事に扱っている。料理が得意でお裁縫もできる、家庭的な一面も。

レトロなアパートでペットのキイロイトリと一緒に暮らしていたところ、いつの間にかリラックマとコリラックマが居候をはじめ、4人での生活に。時にはイライラをぶつけてしまうこともあるけれど、リラックマたちはカオルさんの生活に欠かせない存在みたい。

Episode

得体の知れないきのこを食べる
リラックマの体に生えた謎のきのこを食べようとしたカオルさん。七輪で焼くも、他の3人はまったく気が乗らないご様子。

恋が走り出した！
ひそかにステキだなと思っていた配達業者の彼が偶然にもカオルさんの住んでいるアパートへ！ 彼に会いたいがためにカオルさんの取った行動は…。

アラサー特有の悩みや壁と戦っているカオルさん。小林監督のラフスケッチに描いてあるように、頻繁に髪の毛を触っていますね。

キャラクタープロフィール | Character Profile

[リラックマ/Rilakkuma]

突然カオルさんの家に現れ、住みついてしまった着ぐるみのクマ。背中にチャックがついているけど中身はヒミツらしい。ホットケーキとだんごが好物でいつもだらだらゴロゴロしている。

替えの着ぐるみをたくさん持っていて、カオルさんの押し入れを圧迫している。ふだんはだらけているけれど、心優しくて涙もろい一面も。

クマ鍋を食べて!?
カオルさんの財政難に、リラックマたちはアルバイトをすることに。しかしなにをやってもうまくいかず、ついには自分を食料として提供しようとする。

クマ耳のニット帽
雪が降った日のお買い物にはかわいいニット帽をかぶっておでかけ。リラックマの色合いとよく似合っています♪

ウクレレが上手!
カオルさんにフラダンスを披露！あたたかい音色のハワイアンミュージックを奏でました。

背中のチャックを開けると水玉模様が。小林監督が撮影に入る前に描いたイメージボードには、カオルさんお気に入りの黄色いビーズクッションで寝転ぶリラックマの姿が。

［コリラックマ／Korilakkuma］

リラックマよりあとにカオルさんの家に住みついたクマ。あどけなく愛らしい外見をしているが、いたずらが大好き。胸の赤いボタンがポイントで、リラックマよりも体はちいさい。ペンギンのぬいぐるみが宝物。リラックマ同様、よく食べてよく寝る。

ケチャップでおばけごっこ
口の周りにケチャップをつけてホラー映画の真似をするコリラックマ。まさかこのあと、本物のおばけが出るとも知らずに…。

猫カフェにクマが！
猫カフェでアルバイトをしていたコリラックマですが、得意のでんぐり返しでアピールするとお客さんが集まってきました。

お気に入りのおもちゃ
引っ越しの片づけ中、おもちゃを処分するように言われてしまいますが、このペンギンのぬいぐるみだけは絶対に手放しません。

小林監督のイメージボードには11話・宇宙船を見たコリラックマが。きらきらとした目が印象的です。

キャラクタープロフィール | Character Profile

［キイロイトリ／Kiiroitori］

　カオルさんが飼っていたペットの鳥だが、カオルさんがいない時間は自由に鳥カゴから出て歩きまわっていた。リラックマがやってきてからは鳥カゴを使わなくなった。家事が得意で、ホットケーキを上手に焼いたり部屋の掃除をくまなくしてくれる。趣味は貯金、部屋に落ちている小銭を見つけてはお手製の貯金箱に貯めていく。貯金箱はこっそり戸棚に隠している。

ハタキを使ってお掃除
リラックマとは違い、とても働き者のキイロイトリ。お部屋をパタパタ掃除しています。アルバイトでも大活躍していました。

すぐに貯金箱へ！
目ざとく拾って、隠して置いてある貯金箱に入れていきます。引っ越しの時にカオルさんに見つかってしまいました。

ハワイアンを奏でる♪
ノリノリのキイロイトリです。カオルさんのためにフラダンスを披露しました。振っている楽器がかわいいです。

イメージボードでまだ鳥カゴに入っているキイロイトリ。リラックマたちと出会う前でしょうか。窓の外には、一体なにが見えるのでしょう。

27

［トキオ／Tokio］

カオルさんと同じアパート・サクラコーポの住人。仕事の帰りが遅い母親と二人で暮らしており、寂しさからカオルさんと楽しそうに暮らすリラックマたちをうらやみ、ちょっかいを出してしまうが、やがて仲良しの友達になる。歳の離れているカオルさんにも物怖じせずにしゃべれる、人懐っこい一面も。リラックマを捕まえるために手の込んだ罠をしかけたり、リラックマたちが動画サイトで人気になった時にはマネージメントもこなすなど利発な少年である。

Episode

102号室
トキオくんの住んでいる部屋には、コミックやゲームがたくさん！リラックマとはテレビゲームをして遊びました。

リラックマーズのマネージャー
動画サイトでヒットしたリラックマたちのマネージャーはトキオくんが。ハワイでのライブも決めてしまう敏腕ぶりを発揮しました。

2話では誘拐や身代金要求とはちゃめちゃなことをしていますが距離が近づくにつれ、素直なことを言うようになります。変化に注目したいキャラクターです。

キャラクタープロフィール | Character Profile

[ハヤテくん／Hayate]

カオルさんの恋の相手で、運送会社に勤めている。「ハヤテ急便」だから、ハヤテくん。カオルさんの働く鮫島物産が配達エリアに入っていた頃にカオルさんと出会った。その後、カオルさんのアパートが配達エリアになり、カオルさんがネットショッピングした物を運んできてくれるようになる。河原で捨て猫にエサをあげる姿が目撃されている。カオルさんが通販をまとめて頼まずに一個ずつ運ばせていても嫌な顔ひとつしない爽やかな青年。

いつも微笑みを！
キリッとした顔つきをしているハヤテくん、暑い日は汗を滴らせながらも走ってお客様のもとに向かいます。

何度もカオルさんのもとに
カオルさんのネットショッピングの品を何度も配達に行きます。ドアの向こうにはオシャレをしたカオルさんが。

ハヤテくん 宅配便のお兄さん。
トキオのお母さんの従姉妹。細マッチョ。
いちいち笑顔がさわやか。そして、全てに屈託の無い立ち振るまい。そんな姿にカオルさんは恋心を抱くのであった。おもしろいくらい姿勢がいい。

[加藤課長／Mr. Kato]

　カオルさんの勤務先・鮫島物産の庶務課で働いている。業績悪化のため新入社員が配属されないことやボーナスカットなどのマイナスなお知らせを体をくねらせながら独特な口調で話す。手を動かす時に小指が立っていることが多い。傘でゴルフの素振りをするような、スタンダードなタイプの上司である。後輩の女の子・サユがハワイに行った際に加藤課長とカオルさんには同じマカダミアナッツをお土産にしていた。人にスルッと仕事を任せるのが上手。

口角が上がっている
口角がいつも上がっているのに眉毛は下がっているという、なかなかに難しい表情をしています。話し方も独特。

その小指は…？
しゃべる時の身振り手振りが特徴的ですが、指先まで力が入っているようでいつもピンとキレイな形を保っています。

加藤課長
仕事が出来ない（が気ない）カオルさんの上司。
手の指の動きが女性的。その挙動は時に人をイラッとさせる。

[サユ／Sayu]

　カオルさんの会社の後輩。ちょっとユルい敬語で話す、女子力の高そうな女の子。ぬくもりが恋しいカオルさんに「独身女は猫を飼うべきではない」「彼氏を作りましょう」と辛辣なアドバイスをしてきたり、「真面目すぎる」と合コンに誘わなかったりとなかなか手厳しい。あまり仕事に熱心ではなく、プライベートを充実させたいタイプ。車で迎えにきてくれる彼氏がいる。

ピンクのスマホ
デスクにいてもスマホをいじっていたり、マニキュアが置かれていたりとあまり仕事している様子はうかがえません。

メイク直し
小林監督のラフスケッチには「ナチュラルボーンモテ女」の文字が！ 納得のかわいさです。

[ホームレス／Homeless Guy]

　橋の下に住処を構えているホームレス。リラックマたちが家出した時や、コリラックマが宇宙人を呼ぶための装置を作る時に協力してくれた。世捨て人のような風貌をしており、住処の前の川でよく釣りをしている。他力本願な「数珠」には見向きもしなかったり、カオルさんが魚を釣り上げた時にすかさず反応する姿に象徴されるように、彼は日々の中に隠れた幸せがなんなのかをよく知っている人である。

一斗缶で焚火
コリラックマがガラクタを持って帰る時には運ぶためのロープを貸してくれる、優しい人です。

リラックマたちと釣り糸を垂らします
ラフスケッチ内には、本編では分からなかったプロフィールが！

[オバケちゃん／Ghost Girl]

カオルさんの部屋が停電したタイミングで現れた、女子高生のオバケちゃん。人生で初めての彼氏ができて、デートの直前に交通事故で亡くなってしまった。デートでは動物園にクマを見に行くはずだったので、クマを見るとむかついてしまう。しかし、カオルさんと話すうちに穏やかになっていき、リラックマに抱きついてぬくもりを感じ、消えていった。

あたたかいリラックマ
「蹴りたくなる」と言われ、思わずテーブルの下に隠れてしまうリラックマ。しかし、最後にはオバケちゃんを優しく抱きしめてあげました。

ゆらゆらゆれる炎と髪の毛
ろうそくの炎に照らされるオバケちゃん、迫力がありますね。小林監督のスケッチには「まばたきしない」の文字が。

[占い師／Fortune Teller]

ついていないことに悩んだカオルさんが駆け込んだ先の占い師。低く厳かな声で話すので、信憑性がある。座布団に置いたゆで卵の頭をスプーンで叩くことによって占う。いかにもそれらしく話し、原価20円の数珠を5万円以上で売りつける詐欺を働いていた。路上での窃盗で現行犯逮捕され、その際に鞄から大量の数珠が出てきたことで発覚した。

装飾品にも注目！
ゆで卵をコツンと割り、占いをしています。カオルさんは「このままでは結婚できない」とショッキングなことを告げられ…。

占い師ではなく詐欺師だった！？
サユちゃんが見せてくれたネットニュース。捕まった経緯が細かく掲載されています。

[雪だるま/Snowmen]

毛糸があたたかそう♪
リラックマのクマ耳ニット帽をかぶった雪だるまや、カオルさんのピンクのニット帽をかぶった雪だるまが。コリラックマたちはたくさん作ったのですね！

雪の日に、コリラックマとキイロイトリが作った雪だるまたち。ニット帽をかぶせてくれたリラックマの元に現れ、アパート前の公園で一緒に踊った。次の日には陽の光で溶けてしまい…。溶ける前に、カオルさんのアパートの前にニット帽を返しにきてくれたみたい。

目や鼻にはいろいろな素材が使われている。一体一体よく見ていくと、なんだか見覚えのあるきのこやみかんが…。

雪遊び
にんじんの鼻の刺し方に個性が出ます。ふわふわの雪の中、コリラックマは楽しそうに遊びます♪

リラックマと雪だるまたちのダンスシーン！主題歌「SAMPO」のアレンジに冬の音色が加わっています♪

[宇宙人/Alien]

コリラックマが窓の外で見た光の正体・UFOに乗っていた宇宙人。何語か分からない言語を話すが、コリラックマとは通じている様子。頭の中はスケルトンで、うねうね動く触手で歩く。
コリラックマがカオルさんにアドバイスされて用意したスルメをむしゃむしゃ食べていたので、カオルさんの情報はあながち間違いではなかったようだ。胸のボタンは取り外せるらしい。

うねうねと触手で握手
コリラックマの手を取って、UFOへと案内します。手足がたくさん生えていて、滑るように歩きます。

青白く光るものが
アパート前に輝くUFO、コリラックマはワープして中に入り込んでいましたがどうやらUFOの中はとても広いみたいです！

宇宙人はコリラックマに、謎の「宇宙いちご」を振る舞います。茎が長く、グンと伸びてくる不思議ないちごです。

Story Synopsis

ストーリーダイジェスト

**全13話のあらすじ・場面写真を一挙公開！
各話の制作の裏側にまつわるトリビアコラムも必見です。**

Production Trivia テキスト：小川育（dwarf）

01 / 花見 "Cherry Blossom"

たくさん作った、手付かずのお弁当を次々に食べていくリラックマたち。カオルさんは胸の内に溜まったもやもやをぽつりぽつりと語っていきます。

Story

　季節は春、新しいことが始まる予感！新入社員のお手本となる先輩になれるよう、身だしなみを整えたカオルさんは気持ちも新たに勤め先へ出社した。しかし、期待とは裏腹にカオルさんの働く庶務課には新入社員、ゼロ。挙動不審な課長にヤル気のない後輩の女の子・サユと、代わり映えのしないオフィスの様子になんとなく出鼻をくじかれてしまった。カオルさんのスマホが鳴り、見ると大学時代の友人からメッセージが。女子だらけ、毎年恒例のお花見の予定確認である。「毎年どんどん人数が減っていくの」とぼやくカオルさんにサユが言った「取り残され感、満載ですね」という言葉がチクッと心に痛い…。

　お花見当日、鼻歌まじりに卵焼きをキレイに巻き、お弁当を詰めていくカオルさん。色とりどりなお弁当にこっそり手を伸ばすコリラックマをたしなめ、お花見場所に出発。スキップまじりに桜の下へたどり着き、レジャーシートを広げた。だが、友人たちはなかなか来ない。そしてスマホには、「子供が熱を出した」「仕事が終わらない」「彼氏ができた」「…花見って今日だっけ？」と次々に不参加の連絡が。やさぐれたカオルさんは、ひとりでビールをあおり始めた。

　夜になり、手を付けていないお弁当を持ち帰ったカオルさん。リラックマたちはカオルさんを再びお花見に連れ出した。

EVERY FLOWER BLOOMS IN A DIFFERENT PERIOD

友人と比べて自分はなにも変化していないことに焦るカオルさん。でもきっと、いずれ花開く時が来るはず。

ストーリーダイジェスト | Story Synopsis

窓辺に桜の花びらが。差し込む光がやわらかい。

寝起きのリラックマ、手に持ったブラシと手鏡で耳の寝ぐせ（？）を直し中。

コリラックマはまだまだ眠そう…。

キイロイトリ、朝からバタバタお掃除中。

お花見お留守番の3人でホットケーキ作り。

カオルさん手作りのお弁当をどんどん食べます！

自分にだけ変化がないのを焦るカオルさんに、寄り添う3人。

Production Trivia
おいしそうな食べ物のつくり方

「食べ物はそれぞれに合う素材で作られています。だんごは紙粘土、ホットケーキはウレタン、卵焼きはクレイ。それらをアニメーターが1コマごとに少しずつ切って、キャラが食べているように見せています。ちなみに、シリーズ全編を通して頻出するだんごですが、大きさは3パターンありました。リラックマとカオルさんでは手や口の大きさが違いそれぞれのキャラクターが手で持ったり食べたりする時に良く見えるものを使い分けていたのです」

1. 卵焼きの色味が鮮やか！ リラックマの好物・だんごも入っています。2. リラックマたちが作ったこげこげホットケーキ。3. こげこげホットケーキをひとくち食べたリラックマ、首を振って食べるのをやめてしまいました…。

02／こいのぼり "Kidnapped"

不審なチャイムを聞いて犯人を捜していたリラックマ、背後から虫取り網でとらえられてしまいます…。

Story

　空にはためくこいのぼりを眺めるリラックマたち。3人からのおねだりに「どうしよっかな」と考えながら歩くカオルさんたちを羨ましそうに、ちょっと恨めしそうに見ているひとりの少年の姿があった。

　カオルさんにこいのぼりを買ってもらったリラックマたち。こいのぼりの中にスッポリ入って人魚のマネをしたり、かぶったりして遊んでいる時、窓にコツンと石をぶつけられた。不審に思って外を見ても誰もいない…。

　次の日、カオルさんの部屋のドアに「ペットきんし!!」の貼り紙が。カオルさん不在の昼間、何者かにピンポンダッシュをされ、3人は犯人を捜しに外へ出た。すると、不自然な位置に大好物のだんごが！　つられて思わずだんごを追うリラックマ。しかしそれは少年の罠だったのだ。

　カオルさんが家に帰ってくると、「リラックマは預かった」と身代金のホットケーキを要求する手紙が届いていた。

　暗い場所で縛られて涙ぐんでいるリラックマが脳裏に浮かび、大慌てでホットケーキを焼くも焦がしてしまうカオルさん。なんとか犯人の要求通り、完成させたホットケーキを指定された部屋に持っていくとそこには、リラックマと共にテレビゲームを楽しむ少年・トキオの姿が。呑気な様子に怒りがこみあげ、リラックマを連れて出ていこうとするカオルさんを留めるトキオ。寂しげな表情が気になって訳を聞くと…。

WE HAVE ONE MORE FRIEND NOW

まさかこんなきっかけで…と思うことってありますよね。人生、なにが起こるか分からないものです。

ストーリーダイジェスト | Story Synopsis

こいのぼりを買ってもらい、はしゃいでいます。

部屋の前に貼られていた貼り紙、一体誰の仕業？

気持ちいい日差しの中、河原を散歩中の4人。

ホットケーキのセットを準備するキイロイトリ。

ひとりぼっちが寂しかったみたい。トキオくんにリラックマが優しく寄り添います。

トキオくんも加わった食卓、にぎやかな様子♪

季節は5月。屋根を見上げるとそこには　。

Production Trivia
こいのぼりで遊ぶリラックマたち

「こいのぼりは布で作られていますが、それだけではアニメーションがつけられないので中に細いハリガネを入れて、形が自由に保てるような作りになっています。リラックマたちが遊んでいたこいのぼりはそのままの形では穿いたりかぶったりできないので口のところだけがラッパのように広がった仕様になっていて、カオルさんが持って帰ってきた箱の中身用のこいのぼりは別途作ってもらっています」

1. 鮮やかに空を泳ぐこいのぼりたち。この形を保つためにいろいろな細工がしてあるのです。 2. リラックマの体にすっぽり入るよう、広がっているこいのぼり。 3. 無邪気なシーンにも作りこまれたところがたくさん！

03 / 梅雨 "Rainy Season"

リラックマに生えたきのこを七輪で焼き始めたカオルさん。真面目すぎる自分を変えようと挑んだ行動ですが、そのきのこは本当に大丈夫？

Story

　雨が降り続く梅雨。物持ちが良いカオルさんは、レインブーツを8年、傘を12年丁寧に使っていた。

　会社の女子トイレに入っていた時、後輩2人の会話が聞こえてきた。どうやら今日は合コンらしい。しかも医者。そんなハイスペックな合コンに急遽1人参加できなくなったらしく、「カオルさんは？」とピンチヒッターの候補に上がったが、「ないない（笑）。いい人なんだけどね、真面目すぎちゃってね」と一蹴されてしまった…。

　その頃、カオルさんの部屋ではキイロイトリがハタキをかけていると部屋の隅にきのこが生えているのを発見！慌ててゴミ袋にきのこを捨てていくが部屋のあちこちで次から次へときのこが増えていく…。

　カオルさんが帰ってくると、ずっと寝ていた様子のリラックマが。「なんか臭くない…？」とリラックマを見ると、しっぽからきのこが生え始めた。さっそくきのこ図鑑をめくるカオルさん。どうやら毒はなさそうだ。カオルさんは七輪を取り出し、焼けたきのこに箸を伸ばした時、部屋の中にカエルが。飛び跳ねながらきのこをひとつ食べたカエルは突然けたたましい声で鳴きながら踊りだしてしまった。「やっぱり毒きのこだったのかな…」とカオルさん。昼間、会社の後輩に「真面目すぎ」だと言われたことを気にしての行動だった。

I CAN'T WAIT FOR IT TO RAIN AGAIN

嫌だと思っていることも、ちょっと見方を変えればステキなところも見つかるかもしれませんね。

ストーリーダイジェスト | Story Synopsis

雨続きなのでコリラックマたちは部屋の中で遊んでいます。

部屋のあちこちから生えるきのこ…。

リラックマに生えたきのこを調べるカオルさん。

落ち込むカオルさんの前で黒焦げになるきのこ。

雨が上がり、久々にすっきり晴れました！

溜まっていた洗濯物と一緒に、リラックマの着ぐるみも洗います。

キレイに虹が出ました、いよいよ夏の始まりです。

Production Trivia

リラックマに生えるきのこの正体

「『ベニイロマシマシダケ』という架空のきのこで、カオルさんが調べる図鑑に印刷するために、解説文も考えました」

【学名】Masania Coboyensis
【環境】湿度の高い所に広く発生
【季節】春から初夏にかけて
【特徴】ベニイロマシマシダケは幼い時は饅頭型で成長するにつれてドーム型に開いていく。カサの表面は繊維状で色は鮮やかな朱色。ヒダは直生から上生し、やや密または少し離れて並ぶ。一部地域では古くから加工され食用として親しまれているが、適切な処理を行わない場合、精神の錯乱を引き起こす事がある。

きのこ図鑑
Mushroom Illustration

1. キイロイトリが慌ててきのこを駆除していきます。それでも次々に生えてきます…。
2. リラックマの体にもたくさんのきのこが！ 伸びてくる過程が細かく作られています。

39

04 / 夏祭り "Fireworks"

かわいい甚兵衛で盆踊りを楽しむリラックマたち。そんな様子を見て、カオルさんはどこか悲しくなってしまうのです…。

Story

　照りつける太陽、波に乗るリラックマ…。カオルさんの目の前には、筋肉隆々のイケメンが2人、たこ焼きと枝豆をそれぞれ片手に持っている。たこ焼きを取るか枝豆を取るかが非常に悩ましい。選べない、どうしよう。悩んでいる間にカオルさんの目が覚めた。すべては夢だったのだ。現実を改めて見て、ちょっとだけため息をついた。

　カオルさんの元に実家の母親から電話がかかってきた。実家のさくらんぼ畑を手伝ってほしいという。言いくるめようとしてくる母親の電話を切った。東京に残るべきか、実家に帰るべきか…急に現れた選択肢に、もやもやした気持ちが残った。

　夏祭りに出かけるために浴衣を着ているカオルさん、帯と髪飾りの色で悩んでいた。赤か黄色、どっちがいいだろう。これもなかなか決めることができない…。

　屋台で賑わうお祭り。だんごの屋台を見つけ、一目散に向かうリラックマ。コリラックマはヨーヨー釣りですぐに赤いヨーヨーを選んだ。かき氷の屋台に行き、キイロイトリはレモンを選んだ。やぐらを囲み、盆踊りを楽しむ人々を見ながら「みんな、自分の好きなものをちゃんと分かっているのに私はなにも決められない」と悩むカオルさんの前で、リラックマは…。

| THEY ARE ALL DELICIOUS

優柔不断で欲しいものがなかなか決められないカオルさん。でも、時には欲張ることも大切ですよ！

40

ストーリーダイジェスト | Story Synopsis

夕方になったのでお祭りに出かけましょう！

大好物のだんごの屋台にまっしぐら。

カオルさんの夢の中で、サーフィンを楽しむリラックマ♪

ヨーヨーの色を選ぶコリラックマ。

色とりどりなかき氷のシロップを見て、すぐにレモンを選んだキイロイトリ。

リラックマの膝の上にはたこ焼きと枝豆が。

夜空に大きな花火が上がりました。

Production Trivia

お祭りの屋台

「屋台で働く人は兼業の人もいるので他のお話にも出ていたりします。例えば、オーバーアクションでたこ焼きをひっくり返しているサングラスのちょっと怪しい男は、10話の河原でリラックマたちを隠し撮りしている人だったり…。屋台のラインナップや、そこの店先になにがあるかなど、スタッフで相談しながら決めたのですが「あんず飴屋にはコリントゲームがある！」のような、地域差なのかそれぞれのイメージが少しずつ違うものも」

1. だんごの屋台の隣にはたこ焼きの屋台が！ 屋台のお兄さんに注目です。 2. キイロイトリよりも小さなかき氷、小道具の技術に脱帽です。 3. たくさん並んだ屋台を細かく見ていくのも面白そうです。

05 お盆 "Ghost Girl"

停電した部屋で、ろうそく一本の灯りを囲んで始まるのは百物語…？ ろうそくの先には一体誰がいるのでしょうか。

Story

　残暑、ホラー映画を観て暑さを吹き飛ばそうとしているカオルさんたち。映画の中ではヒロインがお化けに襲われて倒れてしまう。そこに駆け寄る男性がヒロインを抱き起こし、「大丈夫、俺がついている」と急にラブロマンスの香りが。カオルさんがふと自分の横を見ると腕にしがみつくリラックマ。思わずため息が漏れてしまった。

　会社で仕事中のカオルさん、窓の外を見ると台風の影響で大雨である。後輩の女の子・サユは彼氏が車で迎えにきてくれることになり、カオルさんはその様子を羨ましく思いながら見送った。ずぶ濡れになりながら帰るカオルさん。

　カオルさんの部屋ではトキオも合流し、夕食が始まった。オムライス用のケチャップを持ったコリラックマは口の周りにケチャップをべったりつけてオバケごっこを楽しんでいると、急に部屋が暗くなる。停電だ！　ろうそくをテーブルの中心に置くと、トキオがみんなで順番に怖い話をしようと言い出す。「俺が1番で、2番、3番…」指をさしながら数えていくと、そこに存在しないはずの6番が…。ところどころ血が滲んでいる様子の女子高生・オバケちゃんが座っていた。震えるみんなをよそに女子高生は初めてのデートでトラックにはねられたのだと話し出す。彼女の語る顛末にカオルさんたちもやりきれない気持ちになるが、オバケちゃんはどうやら"クマ"に恨みがあるようで、カオルさんはリラックマを蹴っていいよと言い出し…。

| LET'S MOVE ON

どうしようもない、忘れられないこともあります。振り返らないで少し歩いてみても良いでしょう。

ストーリーダイジェスト | Story Synopsis

みんなでホラー映画鑑賞中…。

豪雨に木々も激しく揺れています。

コリラックマは、ケチャップをたくさんかけます。

口の周りにケチャップをつけて遊んでいます。

真っ暗な部屋に突然現れたオバケちゃんに恐怖に陥る食卓！

リラックマのぬくもりにほっとした表情のオバケちゃん。

残されたオムライスには、オバケちゃんからのメッセージが。

Production Trivia

雨のシーン

「カオルさんの会社『鮫島物産』の玄関と周りのビルや車は、キャラクターの人形の縮尺より小さいミニチュアのセットです。最初に背景となるビルや車の撮影をして、そのあとに人物のアニメをブルーバックで撮って合成しています。ミニチュアのセットはクレーンタイプのモーションコントロールカメラで撮影していますが、これもムービーではなくコマ撮りです。地面や建物に当たる雨粒を表現するために、1コマずつ霧吹きで水をかけながら撮影しました」

1. 空が暗い中、雷の光が浮かび上がった瞬間です。なんだか不気味ですね。
2. 雷に怯えるリラックマとコリラックマ。薄暗い部屋だからこそ余計に怖そう。
3. ずぶ濡れになるカオルさん。傘が強風でひっくり返っています…。

06 / 占い "Fortunetelling"

カオルさんの買った怪しげな開運グッズたち。運気が下がっているカオルさんを助けてくれるアイテムはあるのでしょうか？

Story

　扇風機の前でアイスを食べているカオルさんたち。電気代節約のためにエアコンを消している。「最近ちっともついていない」とぼやくカオルさん、「ネガティブオーラが漏れてるわ！扇風機で吹き飛ばそう」と立ち上がると、途端に扇風機はガタガタッと不穏な音をたてて止まった。そんな時にトキオからパワーストーンを渡され、ひらめいたカオルさんは怪しげな占いの館に足を運んだ。占い師に「良からぬものが3つもついている」と言われたカオルさん、運気を上げるという数珠を購入して帰宅し、リラックマたちを冷たくあしらってしまう。ショックを受けたリラックマたちは家を出るが、訪ねた先のトキオには断られてしまい、行き場をなくしてとぼとぼ河原を歩く3人。
　次の日、カオルさんが数珠をつけて出社すると後輩のサユが目ざとく気づいた。「それ、さっきニュースで見たやつとそっくり」。ネットニュースには『有名占い師 詐欺容疑で書類送検』の文字と、昨日見たばかりの占い師の顔写真が。カオルさんはトキオの元にリラックマたちを引き取りにいくがそこにはいない。慌てて探しにいくと、河原でホームレスと一緒に釣りをしている3人の姿があった。リラックマたちに謝るカオルさん。傍にあった釣り竿をカオルさんが振るとすぐに糸が引っ張られ、大きい魚がかかった！「お姉さんついてるね」とホームレス。帰り道では捨て猫に餌をあげるハヤテ急便の気になる彼の姿が。数珠はいつの間にか手首から消えていた。

WE ALL HAVE DAYS LIKE THAT SOMETIMES

ついていない日もあれば、ついている日もあります。そんな日々も受け入れていきたいですね。

ストーリーダイジェスト | Story Synopsis

暑い夏をエアコン無しで乗り切ろうとしています！

扇風機が大活躍、ですが次の瞬間には…。

幸運を呼ぶグッズがずらり。

卵の先端を割る謎の占い師から、このままだと結婚はできないと断言されてしまいました。

「トキオくんちの子におなり」とカオルさんに言われてしまった3人。

あの占い師が詐欺で捕まったとのニュースが！

リラックマたちにお詫びの品を持って謝ります。

無事に仲直り、家出はおしまいです。

河原から帰る途中、カオルさんたちが見たのは…。

Production Trivia

河原での釣り

「家出をしたリラックマたちがお世話（？）になっていたホームレスは町の名物おじさん的な人物という設定です。元ミュージシャンだったとか、詩人だったとか言われているちょっと哲学的な人物なのです。リラックマたちと釣りをしているシーンですが、釣り糸は仕掛けのない普通のナイロン糸でアニメを作ってもらいました。アニメーターの技が光ります！ちなみに、カオルさんの釣り上げる魚はヘラブナです」

1. ホームレスのおじさんと肩を並べて釣りに興じるリラックマたち。魚は釣れたのでしょうか？ 2. だんごをおじさんにあげるコリラックマ。家出で仲良くなれたのかな。 3. ヘラブナはイキが良く、ぴちぴちと動いています！ リラックマが羨ましそうに見ています。

07 / ダイエット "Slim Down"

みんなで月を見ながらだんごを頬張っています。秋といえば、お月見だんごですね。どうやら少し食べすぎちゃったみたい。

Story

実りの秋、ついつい食べ過ぎてしまってワンピースのファスナーが上がらないカオルさん…。そしてリラックマも同じく着ぐるみのファスナーが上がらない…。このままではまずい、と決心してダイエット器具をネットショッピングすることに。みんなでだんごを食べているとチャイムが鳴った。玄関を開けるとそこには、会社の配達物を届けてくれていた笑顔が爽やかなハヤテ急便の彼の姿が！ 聞くと、担当地域が変わったとのこと。ときめきが止まらないカオルさん、「ハヤテくん」が荷物を届けてくれるのを楽しみにいつもよりオシャレをして、差し入れの飲み物まで用意して待つことに。リラックマが通販サイトでお菓子の追加購入をおねだりするも「ひとつずつ持ってきてもらわないと」とのたまうのだった。

ハヤテくんはカオルさんの部屋に足繁く荷物を運び、いつの間にかカオルさんの部屋はダイエット器具だらけに。

キイロイトリがカオルさんを注意しても「これは久しぶりのときめきなのよ！」とどこ吹く風。しかし現実を知る時がきた。郵便受けに入っていたのは、クレジットカードの請求書。開けるとそこには驚くほどの金額が…。頼みすぎた通販のツケが回ってきたのだ。カオルさんはリラックマたちに頭を下げ、当分おやつの廃止・食事が質素になる旨を伝えた。節約生活のおかげでスッキリ痩せることができたリラックマとカオルさん。しかしそこに、アパートの取り壊しの連絡が来たのだった…。

A BLESSING IN DISGUISE

福と為す…はずだったカオルさん、アパート取り壊しのお知らせは予想外！ 果たしてどうなるのか。

ストーリーダイジェスト | Story Synopsis

まんまるな月を見ていると、なんだかお腹がすいてきます。

コリラックマが必死で手伝いますが、背中のファスナーが上がらない様子…！

ラフな格好のまま玄関に出たら、憧れのあの人が！

舞い上がるカオルさんを見守る3人。

カオルさんが通販したダイエット器具を早速使うリラックマ。こんなに足が開いている姿はなかなかレアかも。

どんどん届く、ダイエット商品。部屋に積み上がっていきます。

質素になる食卓。口差しがもの恋しいです…。

Production Trivia
カオルさんの服

「このお話では全エピソードの中でカオルさんの服が一番多く登場します。初めて宅配のハヤテくんがやってきた時にはちょっと油断した部屋着で玄関に出てしまったカオルさんですが、次の配達の時からは毎回服装が変わっていきます。ちなみに現場では、一番最初にダイエット器具を買うためにパソコンを開いている時の、青白のボーダーシャツにオーバーオールの服装が好評でした」

1.部屋着です。まさか彼と再会するだなんて、思ってもいない展開。2.淡いブルーのワンピースで宅配を待ち構えているカオルさん。差し入れのジュースも用意して準備万端です！3.現場で好評だったコーディネート。鮮やかな色合いでかわいいですね！

47

08 ／アルバイト "Getting a Job"

カオルさんの財政難を救い、おやつを取り戻すために働きに出たリラックマ。重たそうな荷物を懸命に運んでいます。しかしなかなか難航している様子。

Story

　カオルさんの働く鮫島物産では、業績悪化のため冬のボーナスが一律10パーセントカットされることが告知された。しかも先日、カオルさんのクレジットカード請求額がとんでもないことになったばかりである。その上アパートの取り壊しは半年後に迫り、引っ越さないといけない。カオルさんの食卓は相変わらず質素だった。「あんたたちを養っていくのも大変だし…」とぼやくカオルさんの言葉にリラックマたちはアルバイト情報誌を広げ、アルバイトをすることに。キイロイトリはビルの清掃。素早く動き、磨き残しがないかチェックしていくと、職員さんたちに「仕事が丁寧」だと褒められた。コリラックマは猫カフェにてアルバイト。得意のでんぐり返しをすると「このクマかわいい！」とお客さんたちから大人気！
　一方、リラックマは苦戦していた。和菓子屋さんでだんごを作る仕事は、ついついつまみ食いをしてしまい見つかって叱られる。工事現場でのアルバイトを始めると、荷物が重くてひっくり返ってしまい、作業員に邪魔だと言われてしまう。中華料理屋さんで野菜の仕込みをしていると、体が厨房の通路をふさいでしまう…。
　コリラックマとキイロイトリは給料袋をカオルさんに差し出すが、1円も稼げなかったリラックマはけなげにも自らを鍋に入って差し出す。そんな様子にカオルさんは胸が熱くなり「贅沢しなければなんとかなる」とみんなを安心させた。

IT'S ENOUGH TO DO WHAT YOU CAN IN RETURN

うまく働けなかったリラックマ。でも、カオルさんの足を温めてあげるという大事な役目があるんです。

ストーリーダイジェスト | Story Synopsis

野菜の炒め物だけの食卓に危機を感じたキイロイトリ。

キレイ好きな特技を生かして、清掃のアルバイトです。

猫カフェでのバイトですが、「かわいい！」の声を独り占め♡

和菓子屋さんでのアルバイト中、ついつまみ食いをして怒られてしまいました。

工事現場でのバイトもなかなかうまくいかず、邪魔者扱いされてしまいます。

お給料が出ました！ カオルさんに渡そうとします。

うまく働けなかったリラックマ、代わりに自分の身を差し出します。

引っ越しを前に、ちょっとセンチメンタルな気分。

Production Trivia
リラックマたちのアルバイト

「リラックマたちが様々なアルバイトに奮闘する回です。コリラックマのアルバイト先の猫カフェで、壁に貼られている猫の名前と性格はスタッフの飼い猫から取られているものも。白い長毛で顔が黒い猫は「神様」というあだ名でした。リラックマのアルバイト先、和菓子屋さんでの作業ですが、腕が短いのでだんごを作る作業が難しく、丸め方を試行錯誤しました。結果、まな板の上で転がして丸めるという動きになり、ちょっとベテランぽい作り方に」

1.画面左上に毛の長い猫の姿が。この子が「神様」でしょうか。他の子たちの名前も気になるところです。2.リラックマのだんごの作り方、確かに手馴れている様子。3.他にも、中華料理屋さんでは野菜の仕込みをしていました。他の従業員から「でかいよ！」との指摘も。

09 / 雪だるま "Snowman"

コリラックマたちが作った雪だるまとのダンスシーン。リラックマの帽子をかぶせてもらった子もいます。雪だるまたちにもそれぞれ個性が光ります。

Story

空気がひんやり冷たい朝。カーテンを開けると、雪が積もっていた。コリラックマとキイロイトリは早速外に出て遊び始めた。一面真っ白な世界、アパート向かいの公園で雪だるまを次々と作っていく2人。石の目やにんじんの鼻、木の枝やみかん、マフラーやスコップを使って次々と個性豊かな雪だるまができあがっていく。と、背後から雪玉をぶつけられた。トキオである。3人は雪遊びに夢中になった。

カオルさんは朝からずっとこたつでぬくぬくしていたリラックマを連れて買い物に出かけた。たい焼きを買って帰る途中、コリラックマたちの作った雪だるまが目に入った。寒そうに見えた雪だるまに自分のかぶっていたニット帽をかぶせてあげるリラックマとカオルさん。雪だるまも少し暖かそうに見えるのだった。

家に帰ると大きなくしゃみをしたリラックマ、どうやら風邪をひいてしまったらしく、おとなしく寝ていることに。

夜中、ドアをノックする音が。リラックマが起き上がって玄関に出ると、そこには昼間、ニット帽をかぶせてあげた雪だるまたちが！　アパート前の公園では他の雪だるまたちが楽しそうに跳ねていた。駆け寄るリラックマ、キラキラした公園で一緒に踊り始めた。

夜が明けて、日が差した。玄関にはニット帽が。溶けてしまった雪だるまたちを見て、涙ぐむリラックマなのであった。

THINGS CHANGE

アパートは古くなり、雪だるまは溶けていく。時間と共に、いろんなものが形を変えていきます。

ストーリーダイジェスト | Story Synopsis

柵にふわふわの雪が積もっている様子。寒そうです。

冬の日のこたつでみかんは鉄板です！ カオルさんは寒いけどリラックマを連れて買い物に。

クマ耳ニット帽がお似合いのリラックマ。

リラックマとカオルさんのニット帽をかぶせてあげました。

こたつでぬくぬくなコリラックマたち。

リラックマも雪だるまたちも、ふかふかな雪の上で楽しそうにダンス。リラックマと雪だるまたちの息の合ったダンスに注目★

次の日、晴れて雪は溶けてしまい、玄関にはニット帽が。

Production Trivia

雪のシーン

「積もった雪は塩を使って表現しています。場所や物事によって粒子の細かい塩と荒い塩を使い分けています。雪だるまの表面も塩でできています。ただ、塩分でアニメーションに使う道具や仕掛けが錆びてしまったり、撮影後に人形から塩がパラパラ落ちてきたりと大変なことも…。雪だるまのダンスシーンで登場する雪だるまは全部で20種類います。現場ではそれぞれあだ名で呼ばれていました」

1. コリラックマとキイロイトリが雪遊びをするシーン。まさか塩で出来ていたとは。2. トキオくんに雪玉をぶつけられたキイロイトリ。くしゃっとキレイに雪が散っています。3. リラックマを雪だるまたちがお迎えにきました。外にはまだ雪がちらちらと舞っています。

10 ／ ハワイ "Hawaii"

ハワイに行った後輩をうらやんでいるカオルさんを見て、元気づけようと3人でフラダンスを披露しました。背景や衣装もこだわって雰囲気バツグンです。

Story

　正月休みが明けて、後輩のサユからマカダミアナッツを渡された。ハワイ旅行のお土産である。左手の薬指に光る指輪を見せ、寿退社することを告げるサユ。ショックを受けつつ、一拍遅れてようやく言えた「おめでとう」。家に帰り、マカダミアナッツを食べながら愚痴をこぼすカオルさん。「寿退社なんてまだあるの!?」憤慨するカオルさんのおでこには大きな吹き出物が…。

　リラックマたちはカオルさんを元気づけようと、部屋にハワイらしい背景を飾ってフラダンスを披露する。上手にウクレレを演奏し、軽やかなハワイアンを奏でる3人。しかしその様子にカオルさんは「私はただただハワイに行きたいわけではなくて、未来の夫と行きたいの」と八つ当たりしながらも何気なくリラックマたちのフラダンスの様子を動画サイトにアップすると、カオルさんも気づかないうちに飛躍的な動画再生数を記録、3人は一躍人気者に！リラックマたちを撮りにくるパパラッチまで現れた。ワイングラスにぶどうジュースを入れてごきげんなリラックマの元に、マネージャーのトキオからハワイでのライブ公演に呼ばれたと告げられ、胸をときめかせるカオルさん。しかし「カオルさんは未来の夫と行けば」と連れて行ってもらえない。リラックマたちのお土産のマカダミアナッツを食べて再び吹き出物を作ってしまうのだった。

| SMASH THEM ALL

自分がハマる瞬間は、どこにあるか分からない。だからこそ制限なく挑戦していきたいですね！

ストーリーダイジェスト | Story Synopsis

年が明け、お正月休みが終わりました。日常が戻ってきます。

後輩・サユちゃんのお土産をみんなで食べています。

カオルさんが帰ってくると、レイを差し出すキイロイトリ。

リラックマたちが踊ってくれたフラダンスを動画サイトにアップしました。すると…。

動画サイトでリラックマたちを知った人たちが殺到、一躍、人気者です！

ノリにノッているリラックマ。かたわらにはぶどうジュースが。

本場ハワイのライブに出演オファーが！

リラックマーズの次のコンセプトでしょうか。

Production Trivia
リラックマたちのフラダンス

「フラの所作にはひとつひとつに意味があり、リラックマたちがカオルさんを元気づけるシーンなので「揺れる波が、そよぐ風が、あなたを優しく包み込むように、私はあなたを愛しています」という一連のダンスを作ってから編集で良いところを使っています。リラックマとコリラックマのアロハはオリジナルなので、布に柄を印刷するところから作っています。キイロイトリの持っている楽器はウリウリといって鳥の羽を使って作られています」

1. リラックマのウクレレは、監督のこだわりでパイナップル形をしているんです。
2. リラックマ、コリラックマのアロハに注目。人形サイズのアロハなのでとても小さいプリントになるのでしょうね。
3. ウリウリは、マラカスのように振って音を出します。

11 ／ 星空 "Sleepless Night"

河原で拾ってきた道具を組み合わせてUFOを呼ぶ儀式を始めたコリラックマ。床にはチョークで六芒星を描きました。

Story

　眠れない夜、コリラックマは窓辺に立っていた。すると夜空を横切る謎の光る物体が…。朝になり、改めて外を見るコリラックマ。カオルさんにUFOを見たと伝えるも軽くあしらわれてしまう。

　それでもなんとかしてもう一度UFOが見たくてホームレスのおじさんに頼んで、おじさんのガラクタ類を部屋に運び入れ、木材でピラミッドを作り床には六芒星を描いた。UFOを呼ぶ儀式を始めたのだ。辛抱強く夜中を待ったコリラックマは「宇宙人って、スルメが好きなんだって」と言ったカオルさんの言葉を思い出し、スルメをピラミッドの中心に置いた。すると、窓の外から不思議な光が差し込み、UFOが！　気が付くと宇宙人はカオルさんの部屋に入り込んで、うねうねと動く触手でスルメを食べ始めた。胸元には惑星形のボタンが光っている。コリラックマが宇宙人の触手を取ると、UFOの中へワープした！　窓からは青い地球が見える。「宇宙いちご」でもてなされ、宇宙人から惑星形のボタンを差し出されたコリラックマは、自分の胸の赤いボタンと交換する。巨大なパンダの腕の中で眠りにおちたコリラックマは気が付くと朝、カオルさんの部屋に戻っていた。窓際にはスルメの足が一本落ちていた。コリラックマの手の中で、惑星形のボタンがキラキラと光っていた。

TOO PRECIOUS TO BE FORGOTTEN

宇宙人に会うような貴重で楽しい思い出の数々を、大人になっても忘れないでいたいですね。

ストーリーダイジェスト | Story Synopsis

ある夜、UFOを見たコリラックマ。

ホームレスのおじさんは道具をこころよく貸してくれました。

せっせとセッティングするコリラックマ。

夜中になると、UFOが現れその中からは宇宙人が！友好的に接してくれました。

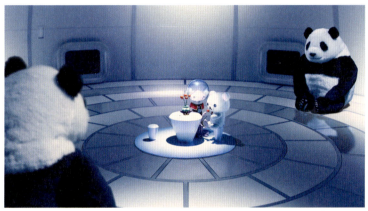
広いUFOの中、宇宙人とコリラックマは友情を育みます。両サイドには大きいパンダが。

宇宙人の胸元には惑星形のボタンが。

起きた時にはもう宇宙人はいませんでした。

それでも、コリラックマの手には惑星形のボタンが残っていました。

Production Trivia
UFOの中

「UFOの中にいるパンダは宇宙人が地球から誘拐してきて、遺伝子改造した巨大パンダです。ゆらゆら揺れる動きをしていますがよく見ると足の爪も揺れに合わせて閉じたり開いたりしていますよ。宇宙人はいちごも独自に改造して『宇宙いちご』を作り出しています。宇宙いちごがせり上がってくる仕掛けもコマ撮りなので、少しずつ上げながら撮影しています。宇宙人もコリラックマも人間の言葉は話しませんが、お互いに話は通じているようです」

1.巨大パンダの腕の中でぐっすりと眠るコリラックマ。2.コリラックマの隣には宇宙いちごが。謎の植物が伸びてくる様子にも注目です。3.コリラックマの胸のボタンと宇宙人のボタンを交換するシーン。やがてコリラックマの手元に残る、宇宙人のボタンです。

55

12 / 出会い "The First Day"

カオルさんの部屋に突如現れたリラックマ。キイロイトリお手製のホットケーキを食べていますが、カオルさんは背中のチャックが気になってしまいます。

Story

リラックマと出会う、ちょっと前のお話。カオルさんは友人の結婚式でスピーチを読み上げていた。「絶対に旦那の友達紹介するからね！」という友人の言葉を信じて家に帰る途中、じゃれ合っている野良猫を見かけた。

仕事中、後輩のサユの親が猫を拾った話を聞き、思わず飼いたくなってしまうカオルさん。飼っているキイロイトリと猫の相性を考えて断念しようとするもまだ迷っていると、「独身女が猫を飼ったらおしまいです」とサユに言われてしまった。それでもほっこりしたぬくもりが欲しくなってしまう…。

一方、カオルさんの部屋ではキイロイトリが鳥カゴから抜け出し、部屋の小銭を拾ったり部屋を歩き回ったりと自由に動き回っていた。

カオルさんが会社帰りにペットショップを覗くと、愛くるしい表情でこっちを見てくる猫の姿が。しかし値段の高さを見て、悲しくなって家に帰る。お茶を淹れて一息ついていると、鳥カゴの中にキイロイトリの姿はなく、部屋の中には背中にチャックのある見知らぬ着ぐるみのクマの姿が。それは平然とせんべいを食べていた。とまどうカオルさんをよそに、クマはそのまま居座り続け、キイロイトリがキレイに焼いたホットケーキを食べている。ふわふわの腕を触り、ぬくもりを感じるも背中のチャックが気になってしまう。が、下ろそうとするとクマに注意されてしまった。自己紹介によると「リラックマ」という名前らしい。そして数か月後、今度はちょっと小さくて白いクマ「コリラックマ」まで増えていた。気が付けば大所帯になっていたカオルさんの部屋。今ではみんな「ただいま」と帰ると温かく迎えてくれる、カオルさんにとってかけがえのない存在となった。

ストーリーダイジェスト | Story Synopsis

カオルさんに飼われているキイロイトリ。鳥カゴに入っています。

鳥カゴから自由に出て、部屋の中に落ちている小銭を拾って貯金。

カオルさんの知らぬ間に、部屋を自在に歩いています。

カオルさんが帰ってくると、部屋の中には見たことのない着ぐるみのクマが…。

キイロイトリがホットケーキを上手に焼けることも、カオルさんは初めて知りました。

押し入れの中にはリラックマの着替えがみっしり…。

気が付けば、クマが増えていました。

みんなだらだら、のんびり暮らしています。

カオルさんが帰ってくると、みんなが出迎えてくれます。

Production Trivia
「ちょっと前」のお話

「キイロイトリは、以前はカオルさんに隠れて勝手に行動していたようです。鳥カゴも使っていた頃には釣り台が付いていたのですが、あまり使わなくなった現在は台がなくなっています。カオルさんの髪型や会社での服装、カバン、家でのパジャマも今とは違います。部屋のダイニングチェアの配置もちょっと違いますね。細かいところですと、後輩のサユが使っているスマホも現在のものとは違うデザインです」

1.キイロイトリの鳥カゴ、確かにこの話の中では吊るされています。 2.まんまるなホットケーキがとてもおいしそうに焼けています。カオルさんのパジャマも見比べてみてください。 3.カオルさんの髪の長さに注目。今までのお話よりも、ちょっとだけ長い髪型なのです。

13 / 引っ越し "Moving Out"

一緒に暮らしてきた、サクラコーポともお別れの時がやってきました。せっかく仲良くなれたトキオくんとも離れなくてはいけません。

Story

いよいよ、引っ越しが近づいてきたカオルさんたち。新しい物件を探しにいくが、これまでのアパートと比べて味気なく感じてしまう。実家の母親から電話がかかってきた。どうやら兄嫁との関係が良好らしい。兄からは「カオルが帰ってくるとややこしくなるから、東京で頑張れ」と半年前とは打って変わった勝手なことを言われてしまった。いまいち釈然としない。しかし東京で暮らし続けることを決め、引っ越しのための大掃除を始めた。

カオルさんが通販で大量に買ったダイエット器具は捨てることにした。リラックマが溜め込んでいたおやつはカビだらけ。コリラックマのおもちゃの山からは宝物のおもちゃだけを残して捨てていく。キイロイトリはあらゆるところに小銭貯金を隠していた。一枚の写真が出てくる。桜が写る、春の写真である。そのまま他の写真まで眺め始め、思い出話に花が咲いていった。そして気が付くと、部屋中引っ越しの荷物とゴミだらけ。寝る場所がなくなってしまい、押し入れで寝ることに。

トキオの引っ越しの日。トラックに荷物を詰めていく。お別れが寂しくなりリラックマたちは涙ぐんだ。と、そのトラックから出てきたのはハヤテくん！ トキオの親戚だという。そんな偶然に、カオルさんのときめきが戻ってきた。

公園で木登りをしたり、お花見をしたり。こいのぼりを上げたり、花火を眺めたり、大きい魚が釣れたり。いろんな思い出を過ごしてきたアパートともお別れの時がきた。カオルさんはたくさんの写真が詰まったアルバムを胸に抱いて、空っぽになったアパートをリラックマたちと出ていく。窓からは、桜の花びらが吹き込んで舞っていた。

ストーリーダイジェスト | Story Synopsis

引っ越し先が決まった様子のトキオくん。

大掃除中のリラックマ。ごみ袋には「中杉区」の文字が。

リラックマの隠していたお菓子、カビだらけ…。

コリラックマはおもちゃがたくさん。

キイロイトリ、たくさんの貯金を隠していました。

トラックに荷物を積み込み、お別れするトキオくん。涙ぐんでしまうみんな。

また会おうね！とお別れしました。

馴染んだ部屋をすっきり片付け、思い出のアルバムを胸に出ていきます。

Production Trivia

アルバムの写真

「物語終盤にカオルさんがめくっているアルバムは通常の人形の縮尺よりも大きいサイズです。実際に印刷した写真を貼るアルバムを作って、デザイナーさんに飾り付けをしてもらいました。カオルさんの手は大きいサイズのものを作って使用しています。トキオのためにカオルさんがこいのぼりを作ってあげたり、コリラックマが宇宙人の絵を描いていたり、大家さんとトキオが柿採りをしていたりと本編で描かれていないシーンを垣間見ることができますよ」

1. 本編では描かれていない、カオルさんのお誕生日の写真が収められています。
2. トキオくんとの思い出もたくさんあります。アルバムのシーンは必見です。
3. トキオくん引っ越しのトラックを見送るリラックマたち。またいつか。

リラックマとカオルさん
ファッション

会社に出勤するときやお部屋でまったりしているとき…
カオルさんのワードローブはステキなものばかり！

Kaoru's Fashion

12か月それぞれに、カオルさんはステキなお洋服を着ていました。スタッフコメントと共に衣装を振り返ってみましょう。
衣装デザイン提供：beautiful people（★のついているもの）

お休みの日に みんなでお花見

★

ジャケットの中にはさわやかな色合いのシャツを合わせています。

1話でお弁当を詰めている時のお洋服にトレンチコートを合わせて出かけたカオルさん、アースカラーを基調としている落ち着いた服装です。

カオルさんサイズのニットや靴下はとても小さいサイズなのに編み目がキレイ！

衣装デザイン・熊切秀典さんによるデザイン画。

ブルーの靴下にサーモンピンクのパンプスは一気に春らしく華やかな印象に。

Creater's Choice
こだわりのトレンチコート

一番見てもらいたい衣装…どの衣装もそれぞれに思い入れがあり、少し悩みました。私のイチオシ衣装は1話のトレンチコートのコーディネート。トレンチコートのリアルな作り込みやボタンのべっ甲風の塗装など、細かなところにもこだわりがギュッと詰まっています。シャツとニットとコート3枚の重ね着でもスッキリと着せ付けされているのもポイントです。　（衣装制作：関口 妙子）

リラックマとカオルさん ファッション | Fashion Check

カジュアルすぎない おしゃれを楽しむ オフィスコーデ

ジャケットが目を惹くスタイリングはbeautiful peopleのキッズシリーズから。すっきりとしたラインが印象的。

★

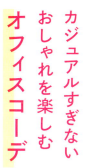

こちらは、12話に出てくるお洋服。カオルさんのスカート姿、貴重ですね。

★

オフィスにカーディガンはマスト！

ゆったりとしたシルエットのボトムが大人っぽくてオフィスにピッタリ。

★オフィス服
キッズサイズのJK パッチポケット
＋
クレリックのブラウス
＋
ウエストベルト無しのキャメルカラーの

3年前のオフィス服
ネイビードットボウタイブラウス
＋
グリーンニットVカーディガン
＋
ホワイトタイトスカート
＋
パンプス

大きめのボウタイでも、シックな色合いなのでかわいらしくなりすぎないのがポイント。

お仕事用バッグ。ステッチが細かいです…！

タイトスカートに入っているダーツがラインをキレイに見せてくれます。

63

お部屋の中でもかわいくいたい！ルームウェア

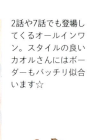

2話や7話でも登場してくるオールインワン。スタイルの良いカオルさんにはボーダーもバッチリ似合います☆

着回しているコーディネートにも注目です。

お部屋の中でくつろげるように、幅広なボトム。

\ 小さめでかわいい胸ポケット /

夏は膝丈のショーパンで涼しげに★

デザイン画にもある、シックな色合いのプリントが特徴的な衣装。6話ではこの格好でハヤテくんと再会してしまいます…！

Creator's Choice
夏の部屋着

「リラックマとカオルさん」といえば、可愛いお部屋でのやりとりが印象的です。お部屋の中でくつろいでいるみんなが大好きです。私のお気に入りの衣装は、オリジナルでプリントをお願いした、カオルさんの夏の部屋着です。この4ショット（右の写真）が大好きです！ 私もこのショートパンツ、欲しくなっちゃいます。
（スタイリング：下山さつき）

シックな浴衣で夏祭り

帯の作り方がこまかい！

帯と合わせた色の髪飾りが、カオルさんのヘアスタイルと相性が良いです♪クラシカルな柄だからこそ、長く愛用できそうな浴衣です。

雨の日に着ていた服

台風の日にカオルさんが着ていたお洋服は、車に水をはねられてグシャグシャになってしまいました…。

泥まみれで髪もぼさぼさ、ちょっとホラーなカオルさんです…。

お仕事に向かう時にはあんなに真っ白だったトップスが…。

リラックマとカオルさん ファッション | Fashion Check

ほっこりあったかい 冬の日のコート

ワンランク上のレディを演出 パーティスタイル

★ 雪の日でもぽかぽかなアウター。色味が珍しくて目を惹きます。

こちらのダッフルコート、メンズ仕様の前合わせになっているところがポイントです。

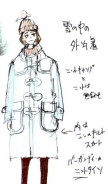

友人の結婚式でのドレス。落ち着いた色合いでシンプルなデザインは場面を選ばないで使えますね♪

ふんわり明るい色のストールと小ぶりなネックレスの相性が良いです。

フォーマルなブラックでレディライクに♥

Creater's Choice
トキオくんのミトン

9話でトキオくんがコリラックマたちと雪遊びをする時につけていたミトンは、実は1円玉くらいの大きさだったので親指を編むのが大変でした。アップで映った時は感激でした。（衣装制作：笠間綾）

Creater's Choice
ウエディングドレス

12話でカオルさんがスピーチをしていた、友人・トモミさんのウエディングドレス。レース選びがとても楽しかったです！ 女子っていいな、と思いました。
（衣装制作：白石さちこ）

Rilakkuma's Fashion

オシャレなのはカオルさんだけではありません。アニメ全13話の中で、リラックマたちもさまざまな衣装に身を包んでいます。劇中に登場した衣装を大公開！

こいのぼりがオシャレアイテムに！

リラックマたちの手にかかれば、こいのぼりが衣装に早変わり。リラックマはマーメイド、コリラックマはこいに食べられているクマ…？

オーディエンスの視線が眩しいサングラス

イケイケな表情のリラックマ、片手にはぶどうジュース。このサングラスはハワイ帰りにもつけていました。

アツさ満喫！サマースタイル

波乗りリラックマに、トロピカルジュースをたしなむコリラックマ、スイカ割りしているキイロイトリ。それぞれバカンスを楽しんでいますね！

リラックマとカオルさん ファッション | Fashion Check

屋台に花火…楽しいことたくさんな夏祭り

涼しげな甚兵衛スタイル、リラックマは大好物のだんご柄、コリラックマはいちご柄でキュートにまとめています。

どこにいこうか…

3人とも手近な荷物をまとめてきたようです。キイロイトリの斜め掛けバッグがオシャレ！ なにが入っているのでしょう…？

癒やしのメロディ ハワイアン ♪

ハワイの音楽プロデューサーに呼ばれたライブでの衣装。観客も大勢いる様子で大盛況ですね！

ハジケてみよう！ メタルスタイル

動画サイトで人気に火がついたリラックマたち、ハワイアンの次はメタルに挑戦!? いつもの雰囲気とは一味違った装いが目を惹きます。

うっかり転んで雪だるまになっちゃった

雪の日はほっこりニットでおでかけ。でもうっかり階段から転げ落ちてしまい、まんまる雪だるまに変身。

69

特技を生かして アルバイト

コリラックマ・キイロイトリ

コリラックマは猫カフェで、キイロイトリは清掃のアルバイト。かわいさ全開のコリラックマとキレイ好きなキイロイトリ、それぞれの特技が生かされています。

リラックマ

なかなか自分に合う職種が見つからなかったリラックマ、いろんなアルバイトを経験しました。その度にユニフォームが変わりますが、どの姿もリラックマらしさを損なわないスタイリング。

ガテン系リラックマ、力仕事が大変そう。和菓子屋さんとは違い、ヘルメットが頭全体を守れていません！ ちょっと危険です。

和菓子屋さんでだんごを作る仕事中、ついつまみ食いをして怒られてしまいました。耳まで覆う衛生帽子は特注でしょうか。

厨房で野菜の仕込み。ちょこんと乗ったコック帽が"達人らしさ"を感じさせますが、このバイトも合わなかったみたい…。

メイキング オブ
リラックマとカオルさん

「リラックマとカオルさん」はどのように制作されたのでしょう。
スタッフインタビューや制作風景の写真を大公開！

Staff Comments

松本 紀子／岡田 由里子／伊藤 大樹
（プロデューサー）

今までのリラックマの世界では姿を現したことがなかったカオルさんが物語の中心となる「リラックマとカオルさん」はどのように制作されていったのでしょうか。制作を担当したドワーフスタジオのプロデューサー陣よりコメントをいただきました。

2018年のリラックマ15周年記念としてストップモーションアニメが初制作されることになり、dwarfにお声をかけていただきました。リラックマをストップモーションで映像化した理由は、何年経っても古びない映像で観てほしいとの思いがサンエックス、Netflix、dwarfの三者に共通していたからです。CGは5年前と今とでは技術的にまったく違うので、数年前の作品でも古さを感じてしまいがちです。ストップモーションアニメは古典的な手法ですが、古典は永遠に古くならず、いつまでも変わらないという強みがあるのです。

脚本は「かもめ食堂」で女性の共感を呼んだ荻上直子さんにお願いしました。「少し強めにアクセルを踏んで物語を作ってほしい」とオーダーしました。荻上さんが描く切なさ、毒、そして無茶な冒険や飛び道具

も、アニメーションならば柔らかく見えるはずなので。リラックマたちの世界に、30歳前後の女性のリアリティがうまく着地したと思います。

監督は、アニメーションへの理解もあり、実写ドラマの経験が豊富な方にお願いしたいと思い、小林雅仁監督に依頼しました。これまで実写CMの演出で積み重ねてきた知識と小林監督ならではの「ちょっとステキなリアリティ」のある演出術をストップモーションアニメで活かしてほしいと期待したからです。小林監督の絵作りを支える撮影部と照明部は実写撮影をメインとしている方々ですので、ストップモーションアニメに自然光の美しさをもたらし、新しい扉を開いてくれたのではないかと思います。

今回初めてビジュアル化されるカオルさんの造形は、作品の方向性を左右するチャレンジでしたので時間を

デザイン：Francesca Natale

マケット：タテオカ タカシ

メイキング オブ リラックマとカオルさん | Behind the Scenes

かけました。企画段階で世界同時配信がすでに決定していたので、どこにでもいる等身大の女性として親近感を世界中の女性に持ってもらうにはどうしたらいいかと考えたのです。そこで、カオルさんのキャラクターデザインは「アングリーバード」で知られるキャラクターデザイナーのFrancesca Nataleさんにお願いしました。チャーミングでユーモラスで、憎めないキャラクターデザインが得意な彼女ならではのカオルさんです。その後、「ティム・バートンのコープスブライド」「ファンタスティックMr.FOX」などで知られるイギリスのパペットメーカー・Mackinnon&Saundersで活躍するタテオカ タカシさんに日本人らしさをプラスしたカオルさんの立体原型を製作してもらい、同社で繊細な感情表現のできる人形を作ってもらいました。

「変わるべきか、変わらないべきか」というカオルさんの悩みは本作のテーマでもありますが、時代や国に関係なく、誰もが一度は経験する普遍的な悩みだと思います。5年後、10年後も、カオルさんと同世代の視聴者に共感しながら観ていただける作品として愛されてほしいなと期待しています。

プロデュース／アニメーション制作 ─────
（株）ティー・ワイ・オー　ドワーフスタジオ

世界中の人気者となったNHKキャラクター「どーもくん」、フランスでロングラン上映を続ける「こまねこ」をはじめとして、数々のキャラクターやコンテンツを生み出し、卓越した技術力のコマ撮りアニメーションを中心とした映像作品で、国内外で評価され活躍するスタジオ。オリジナル作品のみならず、様々な人気キャラクターや有名コンテンツとの積極的なコラボレーションもおこなっている。

73

Staff Interview

荻上 直子（脚本）

「カオルさん」という、今までほとんど描かれることのなかったキャラクターが軸になる今作。どのようにストーリーを考えていったのでしょうか。

―― この作品のオファーを受けた時の率直な感想を教えてください。

荻上 直子（以下、荻上） しばらく迷いました。リラックマは、みんなに愛されるキャラクターなので、皆さんの理想のリラックマ像を壊してしまったらどうしようかと思って。

―― 絵本「リラックマ」シリーズの中ではほとんど登場していないカオルさんを描くうえで、不安や迷いはありましたか？

荻上 しゃべらないリラックマたちを13話ものストーリーにするには、カオルさんの登場が不可欠だと思いました。今まで登場していない分、自由に描けるとも思いました。

―― カオルさんをどういう風にイメージして作っていきましたか？ モデルとなる人物や主軸においた設定などがあれば教えてください。

荻上 どこにでもいるOLさんという設定にして、観た人たちが「ああ、わかるわかる」と頷いてもらえるような人物にしようと思いました。

―― 2話でアパートの扉の貼り紙を見つけた時に「君たちはペットだったっけ？」というセリフがありますが、リラックマ、コリラックマ、キイロイトリは荻上さんの中でどのような立ち位置として描きましたか？ それぞれの役割をお聞きしたいです。

荻上 リラックマは愛すべき同居人。コリラックマは愛すべき同居人の連れ子。キイロイトリは世話好きなお母さん。

―― 絵本「リラックマ」の中ではリラックマたちがしゃべっている表現がありますが、「リラックマとカオルさん」では鳴き声のみで表現されています。しゃべらないキャラクターを描いていく苦労はありましたか？

荻上 一旦そう決めてしまえば、難しいことはなかったです。カオルさんは、リラックマたちの言っていることがわかるという風に会話が進んでいくので。

―― 「リラックマとカオルさん」に限らずの質問なのですが、荻上さんが脚本を執筆する時に心がけていることはありますか？

荻上 宇宙へまでも跳ぶ思考回路。当たり前や常識にとらわれないことです。

―― これも「リラックマとカオルさん」に限らずの質問ですが、執筆中に行き詰まることはありますか？ あれば、そんな時の解消法を教えてください。

荻上 あります。いつもです。ファミリーレストランで6、7時間粘る。天からアイデアが落ちてくるまで、それを何日も続けます。

―― 全13話の中で、サブキャラクターとして出てくるトキオくんの存在が際

メイキング オブ リラックマとカオルさん | Behind the Scenes

立って大きく感じられました。トキオくんをストーリーに入れることになった経緯を教えてください。

荻上　リラックマたちの特別な友達がほしいと思いました。一緒に楽しく遊べる年齢の友達。リラックマたちをしゃべらない設定にしたので、カオルさんがいないときにお話を進める友達がほしかったのかもしれません。

── リラックマというキャラクターはもともとご存知でしたか？

荻上　もちろん。でも、ファスナーが付いている着ぐるみ、などという設定までは知りませんでした。

── 予告映像でのメッセージ「がんばる、を忘れる10分間。」にちなんで、荻上さんがリラックスする時の方法をお聞かせください。

荻上　猫、撫でる。です。

── アニメ全話の中で、イチオシなシーンや、印象深いシーンを教えてください。

荻上　コリラックマが宇宙人と出会うエピソードが大好きです。「宇宙人」と脚本に書いたら、あんなにも愛嬌のあるステキな宇宙人を登場させてくださったアニメーターの方々は、本当にすごいです！

──「リラックマとカオルさん」を観た視聴者の方々に一言お願いします。

荻上　リラックマと一緒に日々の辛いことを忘れて笑い飛ばしましょう。

Profile

荻上 直子　Naoko Ogigami

国内外で高い評価を得る映画監督・脚本家。
デビュー作「バーバー吉野」でベルリン国際映画祭児童映画部門特別賞を受賞。「かもめ食堂」の大ヒットにより、日本映画の新しいジャンルを築く。最新作「彼らが本気で編むときは、」は第67回ベルリン国際映画祭で、日本初のテディ審査員特別賞、観客賞第2位とダブル受賞に輝いた。

75

Staff Interview

小林 雅仁（監督）
×
酒井 潤（撮影）
×
新井 朱句世（照明）

長い撮影期間を共に乗り切った3名に「リラックマとカオルさん」制作現場でのお話を伺いました。
実は皆さん、最初はこの作品に携わることが意外だったみたい。ここでしか読めないこぼれ話満載！

—— 本作を制作するにあたって、依頼を受けた時のお気持ちを聞かせてください。

小林 雅仁（以下、小林） では請けた順で私から。普段はCM制作の部署にいて、そこでストップモーションアニメや2Dのアニメを制作することはありましたが、今作のように長い尺でのストップモーションアニメは初めての挑戦でした。しかもすでに人気のある既存キャラクターのアニメ。「なんで僕なんだろう？」というのが正直な感想でした。しかしプロデューサーから「コマ撮りではあるけれど、物語性の強い作品にしたい」という話を聞いて、これまでのコマ撮りの論法とは違うもので挑戦してみたいな、と思って請けさせていただきました。

酒井 潤（以下、酒井） 小林さんのその経緯を、今初めて聞きました！ 僕は小林さんが監督をすると決まったのち、絵コンテが1話目だけ上がったタイミングでオファーをいただきました。僕も小林さんとまったく一緒で、「リラックマのコマ撮りになぜ僕が声をかけられたんだろう？」と思ったんですよね。小林さんには脚本と絵コンテを見てから考えて、と言われて。多分自分と同じ疑問を抱くと察していたのかな。脚本と絵コンテを読んで、しっかりしたドラマを撮るから呼んでいただいたんだな、と分かり、楽しみになりました。まさか小林さんと同じ流れだったとは（笑）。僕も小林さんと同じく普段はCMの仕事をメインにしています。学生時代にコマ撮りのアニメを撮ったことはあったのですが、仕事として請けるのは今回が初めてでした。

新井 朱句世（以下、新井） 私も実は、小林さんや酒井さんと一緒で「なんで自分なんだろう？」と思ったんですよ。これまでにコマ撮りの制作をしたことはないですし。けれど、仕事を請けるうえで仕事を選んだりすることはなく、スケジュールが空いていれば請けるようにしていたので断るなんて発想はもともとなくて。1話目の絵コンテを見たときにとにかくかわいくて、状況がよく分からないまま、把握できずに請けてしまった感じはありますね（一同笑）。

—— お三方とも、「まさか自分が」と思っていたとは（笑）。

小林 オファーする段階で僕の中では、お二人ともコマ撮り愛があると各所からの情報を吸い上げて周囲からのリサーチをしていましたよ。コマ撮りは長丁場になるので、愛がないと耐えられないと思っていて。なので、いろんな人から情報を得てお二人に声をかけさせてもらいました。

76

メイキング オブ リラックマとカオルさん | Behind the Scenes

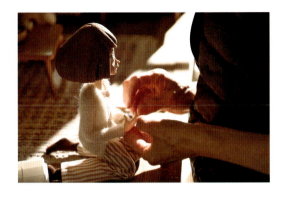

―― リラックマのアニメを作るうえで意識したことを教えてください。

小林 リラックマが人気のあるキャラクターだということは知っていましたが、それ以上のことはプロジェクトが始まるまでは知らなかったです。実は子供だけでなく大人からの人気も高いとか、ファンがとにかく多いこととか。カオルさんという登場人物も初めて知りました。人気があるということは、リラックマたちはファンの頭の中ではちゃんとしゃべっていて各々の「リラックマ像」が出来上がっているんだろうな、と感じたので、それを完全に裏切るようなものにだけはしてはいけないということは分かりました。ただ、そこでみんなが思っているようなものに収まるのはちょっと違うなと。どうせやるなら想像を超えたものを作りたいという思いを最後まで持ち続けて制作しました。

酒井 プロジェクトが始まって撮影準備などをしているタイミングで、プロデューサーの松本さんから「酒井さんはどういう風に撮りたいと思っていますか？」と聞かれて。まだ、撮影手法などディテールの打合せには入っていなかった時期でした。聞かれるまで漠然と自分の中にあったものをその時初めて言葉にしたんですけど、「生きているものと同じように撮りたい」と答えました。コマ撮りなので人間ではなく人形を撮っていくことになるし、サイズも人間よりずっと小さいものをミニチュアのセットで動かしていくことになる。普段、CMやMVの撮影をする時にカメラマンとして一番大事にしているのが「どこから何を見るか」ということです。基本的に、画面の向こう側にいる視聴者の代わりに僕が近くで見ている、という感覚で撮影をしています。自分の身長だったり視界の範囲だったり、相手との関係性で生まれる距離感だったり、様々な制約の中でどこからどう撮るかを考えてこれまでは撮影していました。でも今回の撮影では被写体が一気に小さくなるので、生きているものと同じように撮るためにはどうやって接するべきか、いろいろと考えました。ミニチュアだけど実寸の世界で普段やっていることと、まったく同じ感覚でカメラを扱うことができなければいけないと思い、撮影現場に入ったら僕は30センチくらいに縮んでリラックマたちと同じ部屋に入って、実寸で人と向き合っている感覚で撮影に臨むということを意識してやりました。一日の撮影が終わってスタジオから出ると、一気に体が大きくなるような気がしましたね（一同笑）。例えば実写で3階建てのマンションにいる人たちを正面から撮るとなると、向かいにあるマンションに交渉して、とか、ヘリかクレーンを用意するのか、といろいろな

物理的制約の中でその画を撮ると思うんです。壁があるから後ろまで下がれないということもままあります。それがミニチュアでの撮影となると、そういった問題を全部クリアできてしまうんですよね。普段やっている実写より簡単にできてしまうから撮りたくなるんですよ、そういうカット。でも「ちょっと待って、俺は今、すごいところから見ていることになっている構図だ」と立ち返るんです。登場人物と同じ目線で見るべきところなのではないかと。この感覚がずれないように気をつけました。

新井　私はそんな立派な感じでは全然ないんですけど（笑）。

酒井　立派って言われると恥ずかしい！

新井　一番意識したのは、「彼らがかわいく見えるように」という点です。最初に造形物のラフを見たときに、リラックマやコリラックマはかわいいんですよ、あのフォルムだし。でも初期段階のカオルさんを見たときに、「なんだこれは!?」とびっくりしてしまったんです。この人はこれでかわいいのか？と。

小林　新井さんはとても正直なんですよ。

新井　これがクマたちと一緒にいるの!?と。これ大丈夫かな、と不安しかなくて。絵コンテにはかわいいカオルさんがいるのに。そんなカオルさんにどういうライティングをしたらかわいいと思ってもらえるのだろう、というのが最初にありました。かわいくないと、共感できないしお話も頭に入ってこないなと思って。最初に見たカオルさんはまだ表情も良くなくて衝撃的だったんですよ（笑）。

小林　まだ関節を入れる前のテスト段階での人形を、スケール感をつかんでもらおうと思って見ていただいていたんです。

新井　スケール感しか伝わってこなかった（笑）。

酒井　確か、肌質をどうするのかって話もしていましたよね。

新井　リラックマたちのようなモコモコなものとカオルさんのようなツルツルとしたものが一緒にいていいのかな、と思ったんです。一緒にいるように見えるのか、すごく不安でしたね。

小林　新井さんは、かわいいかかわいくないかを撮影中、1カットごとにずっと言い続けていて、最後は新井さんに褒められたいがためにアニメーターが頑張る、みたいな（笑）。その感覚にはすごく助けられたんです。

コマ撮りの慣習を
知らなかったからこそ
生まれたライティング

新井　登場人物全部がクマの質感のようなコマ撮りはあるじゃないですか。ただ、今回のような質感が全く違うものが動いているというのはどうなんだろう、と。

小林　それは僕も最初不安でした。でも、映画「テッド」は人間とふわふわなクマが一緒に映像の中に収まっているけれど、違和感を覚えることはないですよね。そう考えると、カオルさんの質感が普通の人間だ

と思えればいいんだと、最初の段階で思いました。

新井　本番で使用する人形が上がってきたときに肌の質感を見て安心しました。マスターショット（ひとつのシーン全体を基本となる位置から撮影したもの）を撮ったのが2017年の年末でした。ただ、今までにコマ撮りの撮影をしたことがなかったので仕事の進め方が分からないんです。実写では、こういう動きがあるからここでこうする、みたいに段取りを決めてからライティングをして最終確認をして、撮影。という流れなのですが、先ほどの酒井さんの話にもあったようにキャラクターたちがいて、家一軒の中で動いていなければいけないのに、キャラクターを自在に動かすためにあるはずの壁がなかったり、キャラクターを固定するための台が照明に入り込むように立ててあったりするのでおかしな影がかかってしまったり。でもそれをアニメーターさんにどう伝えればいいか分からなくて。

小林　ビクビクですよね（笑）。

新井　そうなんです。アニメーターさんたちはベテラン揃いで、こっちは昨日今日コマ撮りを始めました、みたいな。皆さん、自分の作業をどんどん進めているからいつ言えばいいのかも分からないし、どういう動きにするのかも分からない。「どういう動きにするんですか？」って聞いたら、スタート位置でガチガチに固めてあるものを一回外してもらって動線を見せてもらい、全フレームに対応可能なライティングを作らないといけない。初対面の方ばかりなので最初のひと月は人間関係を築くのが大変でした。でも最後には皆さんが分かってくださって、固定せずに待っていて動きを見せてくれて。本当にありがたかったです。こちらがやりやすいように皆さんが合わせてくれました。

小林　今回の作品では光をどう当てるかを優先しながら作ったので、今までにはない画になっているのではないでしょうか。

新井　きっと今までのコマ撮りは、作業がしやすいライティングが多かったのだと思います。ただ今回は、あのようなセットだし、曇りの日があれば晴れている日もあるという設定なので、コマ撮りの慣習を知らなかったからこそできたライティングなのかな、とも思います。どれだけ大変か、という事情を深く知っていたら言えなかったでしょうね。

酒井　それでいうと、僕はあまりにいろんな事情を無視して思うようにアングルを切り続けた気がします（笑）。

コマ撮りアニメの「監督」とは？

酒井 キャラクターが座っているポーズだととても低い位置から撮らないといけなくなるんです。カメラのボディー底面からレンズの上端までの高さでもキャラの高さを越えてしまう場合がある。そういう時はセットを一度切ったり、カメラを逆さにしたりと、ミニチュアの撮影だからこその手法をいろいろ工夫しました。世界に対してカメラが大きかった（一同笑）。ミニチュアなので簡単にできてしまう撮影方法はあるだろうけれど、それをしてしまうと僕らが普段見たいと思っている視点からずれてしまうと思ったんです。

小林 そのマインドセットは、最初のアングルチェックの1か月で全スタッフに行き渡ったのだと思っています。

酒井 10班で同時に撮影が始まるので、絵コンテにあるカットをどこからどういう風に撮るか、ということを事前にテストするのがアングルチェックです。各カットごとにどの位置から撮っていくかを測って床にマーキングしていく作業です。

新井 照明の作り方はシンプルにしましたが、自分の中で決めていることがありました。本当は家のセットに対してものすごく高いところから太陽みたいな光を当てたかったんです。コマ撮りのイメージとして、そういうことができると思っていたんです。でも実際に現場に入ると、セットも小さいけれどスタジオも小さいんです！ そして、コマ撮りだからこそずっと光が

小林 酒井さんがそこで先陣を切ってくれたので僕らはちょっと楽になったよ。酒井さんを悪者にして（笑）。

酒井 例えば撮影の時にカメラとキャラクターの間にテーブルのセットがあったとして、僕はそれがあるがままに撮りたいんです、それが自然だから。でもコマ撮りのセオリーで言えば、カメラ側からアニメーターさんが入ってキャラクターを操作するのでテーブルがあったら邪魔になってしまうんですよ。なので、テーブルを入れ込むとしたらキャラクターとは別にグリーンバック（合成に用いる素材を撮影する際に使用する背景）を差し込んで撮影して、後から合成をする必要があるんです。今回はほぼ全カットそういう手法になっています。ポスプロ（＝ポストプロダクション。合成や映像の編集など、撮影後の作業のこと）作業は増えるし撮影時の作業も増える方法ですよね。きっとテーブルがなくてもばれないカットはあったと思います。でも、あるものをないようにして撮影をするのはダメだと感じてしまって。コマ撮りのことをよく知っている人からしたら「そんなの大変になるだけだよ」と思われそうなことばかりしてしまった気がします。

小林 思われていただろうね（笑）。

酒井 でもこのほうが画が良くなると思って「いいですよね、これ…」って独り言のように呟きながら撮っていました（笑）。

新井 ものすごい量の素材撮りましたもんね。

小林 カメラが大きすぎて三脚がセットに収まらなかったりする場合もあるんです。普通なら仕方ないから少しカメラを上げようかって話になると思うんですけど、酒井さんは妥協をしない。

同じでないといけない、というのと、順撮り（シナリオ通りに順を追って撮影していくこと）ではないので再現できる光でないといけない、という制約がありました。複雑にすると自分も周りも崩壊してしまう。なので、まずは再現しやすいようにシンプルにする、ということを決めました。それから絶対に譲れないポイントとして「ここが見える時にはここに当てよう」と指針を決めて作っていきました。窓が小さいので難しかったのですが、楽しかったですね。

酒井 僕は、どんなに暗いところにいても顔が明るい、みたいな不自然なことが無いようにしたいと思っていました。僕たちが普段生きていて目にしている自然な太陽の光や、時間ごとの変化に対しての感覚をリラックマたちの世界でも大事にしたい、というのは最初に監督から言われていました。リアリティがある照明にするというのが「生きているように撮る」というところに通じてくるのかなと思っていました。とはいうものの、終始キャラクターの顔が真っ暗でも困るわけだし、カオルさんがかわいく映らないのも困るし。でもそういう概念の中でもナチュラルにきれいにかわいく新井さんが良い照明を当ててくださっていて。

新井 最初はひとつの光源のみで、おさえの光は入れないで組んでいくつもりだったんです。でも実際にやってみるとセットが特殊なこともあり、ひとつの光源からでは光がまったく回らなかったり、カオルさんやリラックマたちの反射率は実写でやっているものとは全然違うし。なので、これではいけないなと割と早い段階で気づきました。それで、なるべくナチュラルに見えるように作っていきました。

酒井 撮影に都合の良いライティングではなく、現実の延長上にある光の設計だなと感じました。

新井 日本が舞台のお話で、12ヶ月あるので四季のある場所であればみんなが体験してきたであろう、みんなが知っている光にしよう、と意識しました。朝や冬、こたつに入っている時、雪の日って意外と明るく感じるな、などなど。なので、海外の雨季が長い国の人にはどう見られるのかな、白夜のある国で暮らす人々にはどう感じられるのかな、というのがとても楽しみです。

—— 小林さんの、「監督」としての作業内容を教えてください。

小林 撮影が始まってしまえば、アニメーターが役者なので、いかにいい気分で現場を回していかせるかということに尽きますね。不安に思っていることをお互い事前に共有するという作業を10班それぞれ行っていきます。現場に入ってしまえばあとはスタッフが動かしていってくれるので、監督としては撮影に入る前、準備段階が一番大事です。強いて言うなら、現場内の雰囲気作りに気をつけていました。

酒井 今回、スタッフ全員で事前に話し合ったわけではないけれどもみんながリアリティをすごく大事にして制作に入っているなと感じました。カオルさんの衣装だって、人間が着られるような仕様のものをそのま

まミニチュアで作っていて。リラックマやカオルさんを「生きているもの」として各部署で扱っていたんですよね。違う方向を向いているスタッフは、あの現場には一人もいなかった。きっと小林さんが各部署と話をしていく中で自然とそういう方向に導いていたんだろうなと思っています。

小林 本当だったら始まる前にみんなで集まっての確認作業をするべきだったんだろうけど、走りながらいろいろなことが決まっていくような状況だったのでなかなかそういうわけにもいかなくて…。その中で、みんなが同じ方向を向いているのには安心感がありました。アニメーションとして面白くしたい箇所…例えば、3話でキイロイトリがきのこと格闘する場面などは、アニメーターさんに委ねてコミカルに仕上げてもらいました。

隙があるところがコマ撮りの魅力

新井 スケジュールが決まっていてカット数も多いので、自分の持ち時間を贅沢に取れないのがきつかったですね。もっと時間をかけたいけどちょっと言えないな、みたいな。

酒井 10班体制でやっている大変さはきっと小林さんと新井さんが身にしみていると思います。限られた時間の中で取捨選択をしつづけたんだろうな。僕は撮影に入る前に大半の撮影設計などを終えていたので、そこまでではなかったです。

新井 10班あると、セッティングが重なった時に片方には待ってもらわないといけなかったので監督や助監督にスケジュールを聞いて人形の数や状況でどこを優先するか、の判断を仰いでいきました。なおかつシンプルにしないと進まないから制限された中で撮影していました。

小林 スケジュールが日々変動していくんです。アニメーターさんの体調だったり撮影の進行速度だったり。そういうのをすべて汲んでスケジュールを立てて、毎朝ミーティングをしてから撮影に臨んでいました。

新井 最初は10班に対してどう回していけばいいのか手探りでした。誰も方法が分からなくて。

酒井 だってそんな規模で撮影したことがある人、一人もいなかったもんね。

新井 スケジュールを組むようになって、何をどこでやっているのかが分かるようになってきて。

—— 全13話の撮影を一気にすると、頭が混乱しそうですね。

小林 事前に絵コンテやシミュレーションを繰り返していたので話が繋がっていくのは分かっていたのですが、それぞれのカットを繋げられたのはこのお二方の力です。

酒井 アングルチェックの際に、カオルさんの部屋セットが4つあって、ひとつめのカットを決めたら、アシスタントやお手伝いに来ているスタッフがカメラの位置を測ったりメモをとってくれて、それをやってもらっている間にその隣のセットに移動して違うシーンの違うアングルを撮る、ということを繰り返しました。話も繋がりもバラバラだけどそうやってやっていかないとアングルチェックが終わらない状況で…。だから、頭はぐちゃぐちゃです(笑)。そのカットの前後のアングルの関係を見て考えなきゃいけないけれど、

メイキング オブ リラックマとカオルさん｜Behind the Scenes

アングルチェックの時には1話の5カット目、次のセットで8話の7カット目、のように繋がって撮影しているわけではないんです。だからもう、反射神経でしたね…。その場で絵コンテを開いてキャラクターの配置や目線を考えて、先に撮っているカットがあればそのデータを見て。瞬発力でやっていきました。なので、一日が終わると頭が空っぽになっていました（笑）。

新井 糖分をすごく必要とする撮影でしたよね。

酒井 差し入れで置いてあるお菓子をこっそり一人で全部食べたりしていました（笑）。

小林 寄りと引きのカットを別々のアニメーターさんが担当することも日常的にありました。本来は一人の役者がやるものを二人がかりで芝居するようなもので、しかもそれぞれのアニメーター歴は違う。普段きっとそんなに会話もないような二人が繋がりのカットをやらないといけなかったりするんです。そういう二人を監督として取り持ったりはしていました。

── それぞれ、技術的に注目してほしいシーンはどこでしょうか？

酒井 技術というよりは発想の話になるかと思いますが、5話のオバケちゃんの登場シーンです。オバケちゃんの登場する停電した食卓ですが、あれは部屋のセットの中では撮っていないんです。異世界から存在しないものが出てくるというお話なので、それぞれ部屋の背景の写真を撮って大きくプリントしたものをパネルに貼って撮影しています。実は部屋のセットよりも大きく出力して、背景が迫ってきているような違和感を感じられる空間になればいいな、と。床は真っ黒。立体感を感じられないようにして。オバケちゃんの初登場はワンカットで長回ししているのですが、セットが周りを囲っていないとできない撮影ということもあって、背景パネルの手法を取り入れました。作業工程としては数がかさむんですよね、一人ずつカット割りし

て撮ったほうがカット数は増えるけれども行程はシンプルです。でもモーションコントロールカメラ（カメラの動きをコンピューターにインプットし、スムーズなカメラワークを何回でも再現できるカメラ）を使って、ライティングも机の上のろうそくからの光源のみ、しかもろうそくの光は一定ではなくゆらゆらと揺れるように作られていてとても複雑なカットでした。

新井 外まわりの背景が、人形サイズより小さいのでほとんど合成なのですが、2話のトキオくんが虫取り網を持ってリラックマを追いかけているシーンが木漏れ日や日陰への移動の動きにもかかわらずきれいにできたかと思います。

小林 アニメーションの技術として、白目のないキャラクターを会話させていくということを意識しました。テーブル周りでのシーンは目線にこだわって、アニメーターさんと打合せをしていったのですがそれがうまくいったと思っています。白目がないリラックマたちは、一歩間違うとどこを向いているのか分からなくなってしまうこともあるので。

── コマ撮りアニメの魅力とは？

小林 全部を表現しきらない、隙があるところだと思っています。観る人の想像の余地があるところ、感情が入り込むところがあるので。

酒井 作り手側として完成したものを観て感じたことなのですが、生きているように見えたんです。物に生命を与えるようなことができた気がして、自分たちで段取りを組んで動かしていたのに仕上がったものを観ると、僕らの手から離れて生きているように感じられたのが面白かったです。

新井 いろんな人が良い方向に、それぞれの個性を持ったまま仕事できた気がします。規模の大きい撮影だったからこそ出てきた、良いところなのかなと思いますね。

Profile

小林 雅仁 Masahito Kobayashi
（演出・キャラクターデザイン）

武蔵野美術大学空間演出デザイン学科、London College of Printing を経て、CMN（CMα）にて、ディレクターとしてのキャリアをスタートさせる。
ドワーフ所属。
最新作は、「リラックマとカオルさん」（Netflixにて全世界配信中）。

酒井 潤 Jun Sakai
（撮影監督）

名古屋市立大学芸術工学部、映画美学校にて映画制作を学ぶ。
2011年からTTR CRANK所属カメラマンとして、コマーシャル、PVを中心に活動中。
稲山茂樹の一番弟子。

新井 朱句世 Tokuyo Arai
（照明）

大阪写真専門学校を卒業後、スタジオ勤務を経てフリーランスの照明助手になる。
2008年より照明技師。

リラックマとカオルさん
制作風景

「リラックマとカオルさん」の世界はパペットのサイズに合わせてひとつひとつ丁寧に、リアルに作られています。制作現場を覗いてみましょう。

Photo Album

思い出の写真たち

13話「引っ越し」でカオルさんが持っていたアルバムの中の写真たち。本編では映っていない場面がたくさんです！

お花見会場はくじら公園です。

写真撮るよー！

トキオくんのこいのぼりはカオルさんのお手製！

荻ヶ谷の花火大会は中杉区で一番大きいのです。

「たまに使ってる」のはリラックマのほうだったりして。

カオルさんのためにみんなで準備したケーキです。

宇宙人とパンダを忘れないように。

メイキング オブ リラックマとカオルさん | Behind the Scenes

配達に来たハヤテくんも押しの強い女子には
タジタジなようです。

本気を出せばよりオバケっぽくなれる
オバケちゃんです。

こっそり鳥カゴから脱走する
キイロイトリを激写！

釣った魚はおじさんが美味しくいただきました。

毎年たくさん実をつける大家さんご自慢の柿の木です。

思い出のつまったアパートの前で。

87

Selected Scenes
アニメーターズ セレクトシーン

「リラックマとカオルさん」の撮影は10班に分かれて、アニメーターが11名体制という、大規模な体制で行われました。このページでは、アニメーターのみなさんがそれぞれ担当したイチオシな場面を大公開！

1話 — カオルさんのダンスカット

「一番タイヘンだった30秒のダンスカットを推します」
（峰岸 裕和）

1話 — カオルさんが桜の木の下で「私もピンクだったら良かったのかなぁ」と独りごちるようにしてしゃべる場面

「カオルさん人形の頭は表情を自在に変えられるメカニカルヘッドでできており、コマ撮り用人形におけるロールスロイスと呼ばれています。にもかかわらず、そのメカニカルヘッドの機構を一切使わず、まったく表情を見せずに登場人物の心情を観客に想像していただくというカット。他のアニメーターのみんながカオルさんをすばらしく表情豊かにアニメートされているがゆえに、ここのカットをうまくやり遂げることができたと思っています。そして、そんな演出を考えた演出陣には嫉妬すらおぼえます（笑）」（稲積 君将）

メイキング オブ リラックマとカオルさん | Behind the Scenes

リラックマとコリラックマが昼寝中に、キイロイトリが鳥カゴのハタキがけをしているシーン

2話

「個人的にこのハタキがけのコマ使いにとても悩みましたが、結果的にあのゆっくりな動きが良かったと思います」(大向 とき子)

カエルのダンスシーン

3話

「リラックマやカオルさんたちの魅力が盛りだくさんの作品ですが、キラリと光る脇役たちの活躍もお見逃しなく！」(保田 克史)

カオルさんとオバケちゃんが2ショットで対話するシーン

5話

「カオルさんが年下の女の子に対してお姉さんっぽく優しく語るところは、何度も自分でもセリフを言ってみながら演技をつけました。かと思いきやリラックマを羽交い絞めにしたりと、シリアスとコメディの変わり目に気をつけました」(野原 三奈)

6話

カオルさんとリラックマたちがアイスを食べるシーン

「カオルさんたちキャラクターそれぞれの個性が滲むアイスの食べ方、カオルさんの長い足がステキに見える座りポーズを工夫してアニメートしました」
（いわつき育子）

カオルさんがリラックマを抱きしめながら「私の足を温めてくれないと」と優しく話すシーン

「二人の距離がもっとも親密になる名シーンだと思うので、担当させていただいて光栄でした」
（阿部 靖子）

8話

9話

リラックマが雪だるまに帽子をかぶせて立ち去るカット

「リラックマの手が届かないことと、マフラーがずれてしまった偶然からマフラーを手で上げるという動きが生まれ、その撮影を追加したことで自然な良いカットになったと自負しています」
（篠原 健太）

メイキング オブ リラックマとカオルさん | Behind the Scenes

11話

星空の
宇宙船シーン

「広いスペースを使って
存分にはっちゃけました」
（オカダシゲル）

コリラックマが
トイレットペーパーを
巻き付けて走ってくるカット

「リラックマ、コリラックマ、キイロイトリの3人が全員
違うタイミングでカメラに向かってくるというちょっと
大変なアニメートだったことと、アングルを決める際に
美術セットが大きく足りないということに気づき、応急
処置のようにセットを拡張するという現場的な醍醐味も
あり、印象的なカットになりました」（高野 真）

12話

会社でカオルさんがサユちゃんと
猫の話をしているうちに
自分の世界に入ってしまい
ひとりで妄想にふける、という一連の3カット

12話

「少し長めの髪型でちょっと野暮っ
たいけれどもおとなしい美人のカオル
さんが、いい大人なのに年下のサ
ユちゃんより分別に乏しい気持ちを
暴走させる一面を見せる。そんなカ
オルさんだからこそ（？）リラック
マたちと楽しく暮らせる才能がもと
もと備わっていたのかなと思ってし
まうカット。イタすぎるカオルさん
に撮影中も配信が始まってからも
キュンキュンして愛おしい！」
（垣内 由加利）

Cast Interview

多部 未華子
（声の出演：カオルさん）

── オファーを受けた時の感想を聞かせてください。

多部 未華子（以下、多部） リラックマは周りの友達も結構好きな子が多くて、とても人気のキャラクターだということは知っていました。ストップモーションアニメという初めて聞く作り方にすごく興味を持ちましたし、カオルさんもリラックマファンの中では有名な女性というのを知って、そこにも興味を持ちました。

── 動くリラックマたちを見てどう思いましたか？

多部 素直に「可愛い」の一言に尽きるのですが、アフレコの時はリラックマの一言一言や表情だったり、カオルさんとの会話にすごく癒されながら私も収録していました。本当に可愛くて、リラックマというだけあって、リラックスするキャラクターだなと思いました。

── 今回、初めてカオルさんが登場するということでファンの注目度も高いですが、カオルさんはどんな女性ですか？

多部 カオルさんは、ごくごく普通の女性で、料理上手で優しく穏やかな女性なのですが、カオルさんの持っている"間"が私の中ではとっても面白くて。私も観て共感したり、クスっと笑ってしまう部分もありました。どこにでもいるOLですけどちょっと面白い女性ですね。

── カオルさんとの共通点や同じ働く女性、同世代の女性として共感できる部分はありますか？

多部 そうですね、たとえば1話のお花見のエピソードなどでしょうか。作品全体を通して、女性の心にグサグサと刺さるエピソードや一言がいくつもあるんです。人ごとだと思うとクスッと笑って見ていられる部分もあるのですが、本当は共感したくないけどしてしまうような部分も多くありました。たとえば占いに頼ってしまうところとかも。カオルさんは、女性が一度は経験してそうなことをたくさん経験しているのかもしれませんね。

── リラックマやコリラックマ、キイロイトリは言葉を発しないキャラクターですが、そういうキャラクターとの演技で工夫した点などは？

多部 リラックマもコリラックマもキイロイトリも普通に会話しているように話していたので、そこに関してはあまり難しさは感じなかったですね。台本の会話も本当に面白かったですし、日常会話の中にちょっとクスッと笑えるようなシーンがたくさん出てきて、普通に楽しく収録していたので、あんまり苦労というのがなくて。日常生活の会話を、目でも楽しみながら収録させていただきました。

── お気に入りのシーンを教えてください。

多部 宅配便のお兄さんに恋をして、たくさんネットで注文をしちゃうカオルさんの回です。会いたいがために何度も注文してしまって、明細を見てびっくりするという、あのエピソードが、不思議だなというか面白いなあって。そういう少し抜けているカオルさんに笑ってしまうし、それを見ているリラックマたちの表情も面白いと思いました。

── リラックマたち以外にもカオルさんのお部屋や洋服、景色など女性が見て楽しめる要素がたくさんありますが、おすすめやここが気に入ったと思うポイントはありますか？

多部 初めて出来上がった映像を見て、外の景色やカオルさんのお家など、色づかいが素敵だなあと思いました。ストップモーションだから出せる立体感や色合いもそうですし、リラックマだけじゃない、色合い全てが癒しを与えてくれます。

──「リラックマとカオルさん」の魅力を教えてください。

多部 1話10分という見やすい時間の中で、リラックマ、コリラックマ、キイロイトリとカオルさんのほのぼのした会話やエピソードをぜひおうちで、本当にダラーっとしながら観てほしいなと思います。

Profile

多部 未華子 Mikako Tabe

1989年1月25日生まれ、東京都出身。2002年にテレビドラマデビューし、以降、数多くの作品で主演を務める。ドラマ「ツバキ文具店〜鎌倉代書屋物語〜」で2017年度第8回コンフィデンスアワード・ドラマ賞 主演女優賞を受賞した。

Staff Interview

岸田 繁
(音楽・主題歌)

—— オファーを受けた時の第一印象を教えてください。
岸田 繁（以下、岸田） お仕事をいただけて光栄でした。スタッフさん達も、熱のこもっている方々だったので、良い温度感を作品に持ち込んで、私の仕事が上手くハマれば良いなと思いました。
—— リラックマをご存知でしたか？
岸田 はい。シンプルで愛らしいのに、シンメトリックでクールな印象を持っていました。物語のなかで、少し印象が変わりました。
—— 楽曲制作にあたって意識したことを教えてください。
岸田 リラックマたちの動きに合わせたリズムや、全体的にのんびりとしたムードを作ることを意識しました。作り込み過ぎず、一筆書きを意識してモチーフをさっさかと作っていきました。人形を使ったストップモーションアニメということで、アナログ的なものと、最新の技術の融合を、劇中音楽の中でも追求しました。ウクレレやギターの音なんかも、敢えて生楽器を使わ

ずにプログラミングで作っています。
—— 実際に岸田さんが作品をご覧になった印象を教えてください。
岸田 どのシーンも、ほんのり心に織り目があることに気付くような、人肌感のある物語になっていると思います。カオルさんのアッサリとしたキャラクターと、季節感あふれる物語のシーンに、観ている人たちも引き込まれるのではないでしょうか。

Profile

岸田 繁 Shigeru Kishida

バンド「くるり」のフロントマン。作曲家、京都精華大学特任准教授、鉄道マニア、広島東洋カープの熱烈なファン、好きな食べ物はラーメン。

Staff Interview

帆足 誠（編集）

撮影が終わり、素材がすべて揃うと編集の作業に入ります。「リラックマとカオルさん」は全話合わせると140分を超える長い作品です。編集作業はどのように進んでいったのでしょうか？

—— 初歩的なところから教えてください。「編集」とはどういった作業でしょうか？

帆足 誠（以下、帆足） 今回、立場的に「編集」となってはいますが、僕のところに素材が来る段階ではいわゆる編集の繋ぎはできている状態です。なので、レタッチやグリーンバックでの合成など、画の仕上げをする作業がメインでした。

—— 「リラックマとカオルさん」では屋外のシーンに合成の箇所があると伺いました。

帆足 人形の大きさと屋外のセットの大きさの関係で、セットに人形を置いてしまうと人形が大きすぎるんです。かといって、屋外のセットに合うような小さい人形は構造上、作るのが難しく、アニメーションもしづらいんです。なので、屋外のシーンはだいたい合成をしています。

—— 作業にはどのくらいの時間がかかりましたか？

帆足 2018年の2月から背景の撮影が始まりましたが、僕の作業が始まったのは5月くらいからでした。作業は撮影と並行していたので、撮り終わった撮影素材から順に届けていただき、進めていきました。僕だけではまかなえない作業量なので、社内のスタッフと手分けして作業を進めました。人形には一体一体、支えるための器具がついているのですが、そういうものを消すのも僕らの仕事です。11月くらいまでは消しものの作業や合成カットの下準備をして、12月から最終的な仕上げの作業に入っていきました。

メイキング オブ リラックマとカオルさん | Behind the Scenes

多いシーンは、その分消すものも多くなるので、時間がかかります。9話の雪だるまとのダンスシーンはカメラが動いて雪だるまも動く大変なシーンなので、1体ずつ撮っているんです。それを最終的にこちらで合成しています。

――「効果」の作業について教えてください。6話の占い師の手が歪むエフェクトや、12話のカオルさんが水に沈んでいく場面などは監督とどのようなやりとりがありましたか?

帆足 6話に関しては、オフライン編集（映像を繋いでストーリーを組み立てていく仮編集）時に歪んでいる効果が入っていたのでそれに寄せて作ったものを見せました。12話の水に沈むところは、泡自体はCGの素材なのですが、水の歪みは僕の好きなようにつけさせてもらいました。気泡だけでも状態は分かるのですが、より水の中らしさを出すために歪ませたら小林監督が「おお!」と驚いてくれました（笑）。楽しい作業でしたね。

――書籍の最後にスタッフクレジットを掲載していますが、編集作業に携わる人数がとても多いですよね。

帆足 弊社は東京だけでなく大阪にもあるのですが、状況に応じて、スタッフ総動員で作業をしていました。ハリウッド映画みたいな人数になっていますね（笑）。

――一番時間や労力のかかる作業はどういったものでしょうか?

帆足 秒数の長いカットは、消すものも合成も気にするところが多いので大変です。特に、今回は解像度の高い4K仕上げでしたので、いろんなものが鮮明に見えてしまいます。リラックマたちのようにモフモフした質感のキャラクターの合成は結構難しかったです。いい加減にやってしまうと素材感が失われてしまうので、そこは特に気を使って作業しました。

――背景が合成だとは全然気づかずに観ていました。

帆足 良かったです（笑）。人形のサイズとセットの大きさの比率が分からないと、なかなか合成だと気づきにくいかもしれないですね。4話のお祭りのシーンも合成が多かったです。出店がいくつも並んでいてその中にも人がいて、歩行者もいて。キャラクター数が多いので、手前側の歩行者・奥の歩行者・出店などを分けて撮影したものをこちらで合成しました。人数が

Profile

帆足 誠 Makoto Hoashi

1977年生まれ。
2002年 株式会社IMAGICA 入社（現：株式会社IMAGICA Lab.）。「どーもくん」、「こまねこ」、など、dwarf制作のストップモーションアニメ作品のオンライン編集（オフライン編集をもとに合成や色調整などの加工を行う本編集）に数多く携わる。

Promotion

リラックマとカオルさん プロモーション

シリーズ配信開始前後に様々な形でNETFLIXによる宣伝活動が展開されました。ここでは都内で登場した「リラックマとカオルさん」のプロモーションの様子を振り返ります。

巨大リラックマが新宿に登場！

2019年4月29日から5月5日までの間、新宿駅構内・メトロプロムナードでは配信記念として、"史上最大のふわもふリラックマ"が展示されていました。高さ173cm、全長330cm、幅160cmと、かなりの大きさ！行きかう人の注目の的になりました。ステッカーやオリジナルグッズの配布もありました。

背中にはおっきなチャックが！

車両内をジャック

東急東横線内をリラックマたちで埋め尽くした「リラックマとカオルさん」トレインが運行していました。また、JR山手線では「美白しましょう。」「いますぐ転職しましょう。」など、世の中のがんばることが書き出された広告が。キャッチコピー「がんばる、を忘れる10分間。」に繋がる宣伝でした。

渋谷駅にリラックマとカオルさん

JR渋谷駅ハチ公口に、大きな看板広告が！乗り入れの多い駅での看板はたくさんの人が見たことでしょう。

Special appendix

NETFLIX
オリジナルシリーズ

リラックマとカオルさん

第12話「出会い」

※実際に撮影で使用したものに、一部修正を加えております。

Ep. 12

CUT	PICTURE	DIRECTOR'S COMMENT	DIALOGUE	TIME
1		3年前設定。トラックアップ。タイトル入れる場所確認。		07:00
2		誰かの目線に見えないように、情景カット的なパン。で、センターに鳥かごできまる。		05:08
3		鳥かごアップ。	カオル（オフ） 「やばい、遅れちゃう！」 （ＳＥ） ギー…バタン	
		カオルさんの声聞こえたとこで玄関に振り返るトリ。スーパー入れる場所見越しておく。	キイロイトリ 「キキキ！」	13:16
4		3年前設定。プレビズに準ず。	カオル 「トモミとは、中学時代から、なんと大学までずっと親友でした」	08:06

98

Ep. 12

CUT	PICTURE	DIRECTOR'S COMMENT	DIALOGUE	TIME
5		3年前設定。カオルさんナメで。プレビズに準ず。	カオル 「ずっと一緒にいたトモミが離れてゆくなんて、	04:18
6		プレビズに準ず。	とても悲しくて、とても嬉しいです。絶対にシアワセになってください」	
			（ＳＥ） パチパチパチ…	12:23
7		ナメなしで高砂席の二人の2ショット。プレビズに準ず。	トモミ 「ありがとう、カオル！	03:21
8		前と繋がり。プレビズに準ず。	感動したよ〜。ぜぇっったいに、ダンナの友達、紹介するからね」	

Ep. **12**

CUT	PICTURE	DIRECTOR'S COMMENT	DIALOGUE	TIME
↓ 8			カオル 「うん、ぜっっったいに、お願いよ」 （ＳＥ） パチパチパチ…	14:00
9		カメラは固定。動きはプレビズに準ず。		05:08
10		一匹は寝転がって猫パンチしてる。一匹は応戦してる。参考映像探します！		04:22
11		カメラ固定。カオルさんフレームアウト。		07:06
12		３年前の外観。抜けのビルを少し減らすことできるか？		03:22

100

Ep. 12

CUT	PICTURE	DIRECTOR'S COMMENT	DIALOGUE	TIME
13		サユなめで仕事する カオルさん。	サユ 「うっわ。」	02:20
14		カオルなめでサユの 芝居、次と繋がる。	うちの親、また猫 拾ったんですって」 カオル 「え、猫？」 サユ 「ほら」	06:07
15		前のカットポン寄 り。（スマホを持つ 手を左手に。）	カオル 「カワイイ！」	04:08
16		プレビズに準ず。	サユ 「先輩、誰かもらっ てくれる知り合い、 いません？」 カオル 「…え、アタシ、ほ しいかも」	07:03

101

Ep. 12

CUT	PICTURE	DIRECTOR'S COMMENT	DIALOGUE	TIME
17		プレビズに準ず。	サユ 「まじっすか？先輩、鳥飼ってますよね」	03:18
18		トリが「いるよ！」って感じでカメラに向かって羽をパタパタ。	カオル 「うんキイロイトリ」	02:14
19		カオルワンショット。プレビズに準ず。	カオル 「でも今すごく猫ほしい、と思った」 サユ 「いやいや、	03:19
20		サユ、ワンショットで。	それマジやばいっす」	03:07
21		カオルワンショット。プレビズに準ず。	カオル 「そうだよね。鳥に猫はまずいよね」 サユ 「もちろん。でもそれよりも、	06:14

102

Ep. 12

CUT	PICTURE	DIRECTOR'S COMMENT	DIALOGUE	TIME
22		2ショット引きサイズ。プレビズに準ず。	「独身女が猫飼ったらおしまいですって」 カオル 「そうなの？」 サユ 「ええ、社会常識」 カオル 「…でも最近、	12:10
23		サユなめる（プレビズに入ってないけど）。	無性にあたたかいものに触れたくなるんだ」 サユ 「その気持ち	03:18
24		カオルなめ。プレビズに準ず。	はわかります。イタイほど。でも、先輩のアパートって	04:01
25		カオルワンショット。	ペット可なんですか？」 カオル 「不可」 サユ 「ですよね」	04:01

Ep. 12

CUT	PICTURE	DIRECTOR'S COMMENT	DIALOGUE	TIME
26			サユ 「うちもです。やっぱ猫カフェで猫撫でるくらいでがまんしておきましょう」	05:11
27		課長窓際に立ってる。鼻毛抜いて指で飛ばしながら、カオルとサユの会話を聞いている。	カオル 「でも、猫カフェの猫は、しょせん他人の猫でしょ。	04:20
28		2ショット。プレビズに準ず。	私、自分の猫がほしいな。おひざの上に	04:12
29		黒バックで猫がHSで走り寄ってくる。尺の中で2ステップ半くらいか？	ちょこんと乗っかってくれて、フワフワで撫でるだけで癒されて、	04:12

Ep. **12**

CUT	PICTURE	DIRECTOR'S COMMENT	DIALOGUE	TIME
30		カオルワンショットで。	あの柔らかい肉球を、ムニムニ触らせてくれるの」	04:13
31		黒バックで猫がHSで走り寄ってくる。C29より迫ってきてるポジションで。尺の中で2ステップくらいか？	カオル「気まぐれなんだけど、ちゃんと	04:02
32		カオルワンショットで。	私の帰りを待っててくれて、可愛い可愛いって	04:22
33		黒バックで猫がHSで走り寄ってくる。C31より迫ってきてるポジションで。尺の中で2ステップくらいか？	愛情をかけると、その分だけちゃんと答えてくれる、	04:00
34		カオルワンショットで。	けっして、けっして裏切らない猫」	04:23

Ep. 12

CUT	PICTURE	DIRECTOR'S COMMENT	DIALOGUE	TIME
35		カオルなめ。前のカットとカオルさん繋がり。3年前設定。サユの言葉でカオルさん現実に戻るようにサユの方を向く。	サユ 「…先輩、猫より、彼氏、頑張りましょう」	08:01
36		2ショット引きサイズ。プレビズに準ず。		06:02
37		周囲を気にしながらカゴのドアを開けぴょんと飛び降りるトリ。		
38		カゴの揺れを前と繋げる。		05:15 03:12

106

Ep. 12

CUT	PICTURE	DIRECTOR'S COMMENT	DIALOGUE	TIME
39		カメラ側にある１０円に走りよってくるトリ。トリにつけてフォーカス送り。		
		～１０円拾ってフレームアウト。		
40		テレビ台に駆け上がる。～テレビ台の上に本が重なっててそこにジャンプして乗る。		10:10
		そこからカーテンの陰の貯金箱にお金をジャンプして投げ入れる。		

107

Ep. 12

CUT	PICTURE	DIRECTOR'S COMMENT	DIALOGUE	TIME
↓ 40		〜窓の外の様子を気にする。 〜窓枠にジャンプして留まり窓叩く（留まるのが厳しそうならピョンピョン）。ここ相談しましょう！		18:13
41		プレビズに準ず。	カオル 「…、ねえサユちゃん」 サユ 「はい」 カオル 「ひとつ質問なんだけど、…女友達の言う絶対というのは、絶対ではないのかしら」	16:03
42		サユ、前と繋がり。	サユ 「あ、絶対彼氏紹介するって言われました？」 カオル 「え…」 サユ 「それ、絶対に絶対ではないです。社会常識」	11:13
43		プレビズに準ず。	カオル 「……はぁ」	06:05

108

Ep. **12**

CUT	PICTURE	DIRECTOR'S COMMENT	DIALOGUE	TIME
44		カオルさんフレームイン。		
				10:00
45		動き、前と繋がり。一歩前に進みながらウインドーに顔を寄せる。「可愛いー！」っていう表情。		04:19
46		カオルさんの主観。子猫。上目遣いでカオルさんを凝視して鳴く。		04:19
47		プレビズに準ず。		01:20

109

Ep. 12

CUT	PICTURE	DIRECTOR'S COMMENT	DIALOGUE	TIME
48		カオルさん見た目で、ガラスに貼られてる値札。	カオル（M） 「15万？！」	04:03
49		プレビズに準ず。	カオル（M） 「どうして同じ猫なのに、捨て猫はただで、	04:11
50		カオルさんの主観のちょっと寄り。お尻ついたまま甘えた感じで鳴く猫。	この猫は15万円もするのかしら」 子猫 「にゃあ」 カオル（M） 「もし人が	05:05
51		プレビズよりもうひと寄りしとく。	人間にも値段をつけたなら私はいくらの人間なんだろう…	
		カット尻で下方向に勢いよく消えていくカオルさん。	私なんて、何の価値もない、逃げ場のない人生という宇宙の中で、ただひたすら漂う	

Ep. 12

CUT	PICTURE	DIRECTOR'S COMMENT	DIALOGUE	TIME
51				07:08
52		イメージシーン。深い水の中に勢いよく落ちてくる感じで、ズバーン！とフレームイン。泡CG。ゆっくり沈んで行く。 カメラズームバックしてバッグも見えてくる。5DS撮影？		
53		イメージシーン。沈んで行くカオルさんの苦しそうな表情。ゴボゴボ言ってパニクってる感じ。泡CG。	「ゴミと同じ…」	11:12 04:12

111

Ep. 12

CUT	PICTURE	DIRECTOR'S COMMENT	DIALOGUE	TIME
54		カット頭、苦しそうな表情から、大きく息を吐く。フレームアウトした後、実景をひと間。	カオル「っぷは！…はあー、帰ろ帰ろ」	09:05
55		プレビズに準ず。		

112

Ep. 12

CUT	PICTURE	DIRECTOR'S COMMENT	DIALOGUE	TIME
55				
56		お茶を注ぐ		18:08
		〜カメラティルトして、カオルさんの顔見える。		

113

Ep. 12

CUT	PICTURE	DIRECTOR'S COMMENT	DIALOGUE	TIME
56			カオル 「ん？…あれ？」	13:17
57		カオルさん主観。 カゴ〜寝室のリラ。 カメラパンの速度はプレビズより早め （人間の目線な感じ。） が良いかも。リラはせんべい齧って、咀嚼。	カオル 「え…」	08:11
58		プレビズに準ず。	カオル 「なに、これ…」	02:00
59		リラ、窓向きからカオルさん（カメラ）に振り返る。同時にリラの足元からトリが出てきて必死に説明を始める。	キイロイトリ 「キーキーキー… キーキー…」	

114

Ep. 12

CUT	PICTURE	DIRECTOR'S COMMENT	DIALOGUE	TIME
59			カオル 「よくわかんないよ、	10:22
60		プレビズに準ず。	キイロイトリ。そもそもなんであなたは鳥かごから出ているの？」	04:23
61		カオルさんからあからさまに目線を外し、とぼけるトリ。	キイロイトリ 「ピーピピーピー…」	02:13
62		プレビズに準ず。カオルさんの目線の運びトリからクマへ。	カオル 「で、こちらの方は？」	06:18
63		よっこらしょっと立ち上がるクマ。カオルさんに向かって2歩近づいてお辞儀。		

Ep. 12

CUT	PICTURE	DIRECTOR'S COMMENT	DIALOGUE	TIME
↓ 63			リラックマ 「グウ」	06:13
64		プレビズより引きでリラなめる。	カオル 「デ、デカイよ」	03:17
65		屋根の上で羽ばたくスズメ。		04:00
66		ホットケーキ焼くトリの手。フライパンの取手を持って軽く揺する。		05:07
67 ↓		プレビズに準ず。		

116

Ep. 12

CUT	PICTURE	DIRECTOR'S COMMENT	DIALOGUE	TIME
↓ 67				05:13
68		トリが蜂蜜かけてる。プレビズと逆うちで。		02:22
69		トリのアクション前と繋げる。蜂蜜ボトルを置いてリラを見るトリ。ナイフとフォークで食べるリラ。		
70		プレビズよりカメラは上めで。		08:00 04:10

117

Ep. 12

CUT	PICTURE	DIRECTOR'S COMMENT	DIALOGUE	TIME
71		カオルさん見た目。「おいしー」って表情のリラのななめ後ろから。	リラックマ「グウ…」	03:14
72		リラの動き繋がり。「おいしー」って顔で食べ続けるリラ。触るカオル。		
		〜チャックに気付く。	カオル「うん？」	09:06
73		リラ前と繋がり。カオルさん見た目。5DSで撮っとく？		04:00
74				

Ep. 12

CUT	PICTURE	DIRECTOR'S COMMENT	DIALOGUE	TIME
↓ 74		そーっと触ろうとしてるのがバレてバッと振り向くリラ。カオルさん、ビビってあとずさる。	リラックマ 「グウ！」 カオル 「ひっ」	07:02
75		カオルさんなめでリラとトリ。「チッチッチッ」と指を振る感じ。	リラックマ 「グウグウグウ」	03:22
76		カオルさんの見た目。		04:00
77			カオル 「美味しい…。キイロイトリに、こんな得意技があったなんて	
		クマはひたすら食べてて「こちらの方は？」で顔をカオルさんに向ける。トリはカオルさんの話しを聞いてる。	…で、こちらの方は？」	14:15

119

Ep. 12

CUT	PICTURE	DIRECTOR'S COMMENT	DIALOGUE	TIME
78		ナイフとフォークを置いて椅子から立ち上がりお辞儀。		
			リラックマ「グゥ」	07:00
79		黒バックにスーパー。		04:00
80		手前ナメのリラ、おじぎから頭あげる。	カオル「やっぱ、デカイよ」	04:22
81		洗濯物の干し方注意！（物干し竿に吊るす干し方で。）		05:08

Ep. 12

CUT	PICTURE	DIRECTOR'S COMMENT	DIALOGUE	TIME
82		プレビズに準ず。押入れにはクマの着ぐるみだらけ。リラに生活の場を侵食されてる！	カオル（M） 「そうして、いつの間にか、我が家に居座って	
83		だらっとした感じで、尻を掻く。	いたリラックマ」	07:04 04:00
84		アパートの玄関ドアの鍵を回すカオルさん。	カオル（M） 「しかも…」	04:02
85		ドア開ける。前と繋がり。	（SE）キー… カオル 「ただいま」 （SE）バタン	05:09

121

Ep. 12

CUT	PICTURE	DIRECTOR'S COMMENT	DIALOGUE	TIME
86		カオルさん見た目。リラ・トリは団子食べながら玄関の方を見てる。コリは団子を見てるとこから他の2キャラとタイミングずらして玄関の方を見る。		02:03
87		コリ、玄関を見ながら急に立ち上がる。		03:00
88	「コリラックマと申します」	スーパー	コリラックマ「ぐう」	03:00
89		コリ前転してこっちにくる。カオルさん目線。	コリラックマ「ぐう！」	05:12

Ep. 12

CUT	PICTURE	DIRECTOR'S COMMENT	DIALOGUE	TIME
90		コリなめでカオルさん一目惚れする感じ	カオル 「…ちょっとカワイイ」	04:00
91		だらしなく寝る3キャラ。（クマは尻掻かなくていいです。）	カオル（M） 「確かに私は欲しいと願ったフワフワで撫でるだけで	09:11
92		前との繋がりでクマ寝返り。ナレに合わせて顔がカメラ前にドン！と見えてくる感じ。	癒されて、私を待っていてくれるような猫を。 クマではなく、猫を、だ」	
				09:11
93		コリラの寝姿を、鼻ちょうちんじゃなくてヨダレに！寝ぼけてちょっと笑う。	カオル（M） 「しかも、このクマたちは、よく寝る」	07:12

Ep. 12

CUT	PICTURE	DIRECTOR'S COMMENT	DIALOGUE	TIME
94		10話カット17	カオル（M） 「よく	
95		10話カット18	食べる」	
96		4話カット96		
97		2話カット114		
98		9話カット57		

124

Ep. 12

CUT	PICTURE	DIRECTOR'S COMMENT	DIALOGUE	TIME
99		7話カット17		22:10
100		テレビ前で寝転がりながら鼻をかむリラ。	カオル（M） 「そしてよく部屋を散らかす」	04:14
101		サンルームでトイレットペーパーを出して遊んでるコリラ。何かを一生懸命作っている風（体にトイレットペーパー巻きついてる）。はたきを振り上げて怒るトリ。	キイロイトリ 「キーキー！」	05:02
102		現在設定（髪が短い通常のカオルさん）。玄関の鍵をガチャガチャ。	カオル（M） 「でも今は…」 （SE）キー	05:19
103		ドアを開けて玄関に入ってくる。	カオル 「ただいま」 （SE）バタン	04:18

125

Ep. **12**

CUT	PICTURE	DIRECTOR'S COMMENT	DIALOGUE	TIME
104		リビング方向から駆け寄ってくる。コリを先頭に（体にトイレットペーパー巻きつけたまま）。トリははたきを持ってる。ちょっと遅れてリラもドスドス近寄ってくる。		03:00
105		前のカットと繋がり。先にカオルさんの元へ着いたコリが飛びつく。体に巻き付いたトイレットペーパーがたなびく。カオルさんがコリを受け止めたとこでフリーズ。フリーズする止めコマが「最高に幸せそうな一瞬」に見えるようにしたいです！	カオル（M） 「…大切な大切なみんな」 カオル 「わっ」	14:17

声の出演

カオルさん：多部未華子	だんご屋：楢本滋	男：本間ひとし	工事現場作業員：堀川大輔
トキオ：松本惣己	ヨーヨー屋：松野方子	女：合田貴菜	中華料理屋：楢本滋
ハヤテくん：山田孝之	かき氷屋：山田孝之	リンちゃん：木梨綾乃	天気予報アナウンサー：山田孝之
サユ：金澤まい	女優：金澤まい	リンちゃんアシスタント：金澤まい	小島：小林柚葉
加藤課長：楢本滋	男優：山田孝之	清掃員女：垣内由加里	パパラッチ：山田孝之
大家さん：田窪一世	ユリコ：大平香奈	清掃員男：田窪一世	トモミ：大平香奈
	オバケちゃん：小林柚葉	写真を撮る女／猫カフェ客：小林柚葉	不動産屋：本間ひとし
ミカ：西山佳菜子	占い師：松野方子	写真を撮る女／猫カフェ客：金澤まい	カオル兄：堀川大輔
カオル母：松野方子	ホームレス：山田孝之	だんご工場パート：松本紀子	

スタッフ

エグゼクティブプロデューサー：坂本和隆　後藤太郎 (Netflix)
　　　　　　　　　　　　　　千village昌男　千田洋史 (サンエックス)
クリエイティブスーパーバイザー：サンエックス"リラックマチーム"
　　　　　　　　　　　　　　伊集由基　大坪亜美　富田里奈　戸屋好江　西沢愛実
プロデューサー：松本紀子　岡田由里子　伊藤大樹
クリエイティブアドバイザー：コンドウアキ
脚本：荻上直子
ディレクター：小林雅仁
アシスタントディレクター：堀川大輔　小川育
絵コンテ：瀧尻愛
プロダクションマネージャー：合田貴菜　宮崎佑介
プロダクションアシスタント：西山佳菜子　岩崎将典　平松桃　前田理沙
　　　　　　　　　　　　　塩昌茉利衣
チーフアニメーター：峰岸裕和
アニメーター：大向とき子　保田克史　いわつき育子　垣内由加利　野原三奈
　　　　　　　オカダシゲル　稲積君将　高野真　阿部靖子　原田修平　篠原健太
アニメーターアシスタント：横山友佑　横山あゆみ　江口詩萄　小林玄
　　　　　　　　　　　　　小西茉莉花
撮影監督：酒井潤
撮影：杉木完　助川祐樹　鈴木隆光　河井大　村岡勇治　宇賀神光佑
撮影機材コーディネート：山岡昌史　堀江浩太朗
照明：新井朱旬世
照明助手：加藤祐一　加藤英彦　柴田耕助　安東遼介　田代彩菜　川崎雄介
　　　　田中公臣　横尾慶
照明機材コーディネート：飯塚健一　名和秀樹
キャラクターデザイン／カオルさん：Francesca Natale
サブキャラクターデザイン：タテオカタカシ　小川育　根岸純子
人形制作進行：原田修平
マケット制作：渡辺敬二　木村英樹　鈴木里美　野田美波子　比楽健太
　　　　　　　小林春菜
関節制作：小前隆　近藤翔　安田陽太　上野啓太
ファブリック：住吉賢一
3Dスキャン：兼松将堂
型制作：柘植綾子
リグ制作：家辺信二
衣装制作：関口妙子　笠間綾　白石幸子　日置優里
衣装デザイン／カオルさん：熊切秀典／beautiful people
ブランドコーディネート：田島幸奈　古瀬伸一郎　坂本祐子　久保田朋利
スタイリング／カオルさん・トキオ衣装デザイン：下山さつき
人形制作：阿座よし子　阿座岳　吉田悟　土江田賀代　山本真由美　青柳清美
　　　　　青木友香　田代彩菜　崎村のぞみ　山本アンナ　小中紗洋子
　　　　　〈Mackinnon&Saunders Puppet Workshop〉 Sara Mullock
　　　　　Kevin Scillitoe　Peter Saunders　Ian Mackinnon
　　　　　Alicia Canovas Verdu　Amanda Thomas　Amy Wilkinson
　　　　　Andy Bell　Beth Jupe Davies　Bethan Jones　Carrie Clarke
　　　　　Diane Dwyer　Frankie Tonge　Graeme Hall　根岸純子　Kate Arthur
　　　　　Mark Thompson　Neil Sutcliffe　Noel Estevez Baker　Paul Davies
　　　　　Rebecca Smith　Richard Pickersgill　Robbie Manning　Ruth Rose
　　　　　Stephanie Bolduc　タテオカタカシ
デザイナー：AKI　立花仁
美術進行：山本高也　青山敦子
美術助手：土屋文乃
撮影現場美術：呂師
セット装飾：土江田賀代　小林玄
大道具：井上ညဆ美　高波雅久　阿多由佳子　佐々木理砂　平田晶子
　　　　高嶋剛　槇祥奈
背景画：小林恭子　亀山秀樹　小島絵梨香　安藤功之　近藤里紗
造形：近藤ゆかり　進藤尚　石亀未来　増田栄一　坂井良彦　小島マオ
　　　真島圭人　新飼晴彦　佐野日菜子　山本晃彦　吉村伸夫
　　　持田千晶　川端一生　原田ひかる　小畑大輝　大森拓也　不動英雄
　　　加藤雄志　山岡英則　森谷勇介　徳田かおり　杉浦拓郎　芦内亮太
　　　倉田友衣子　伊藤明日香　藤沢洋子　田中霧香　西谷恵美
　　　桐原基人　大林裕明　西谷りょう　松家広美　三垣公二　原真一　加生智子
　　　村上裕香　岡田博　生島賢　市原俊成　水越清貴　後藤孝至　横山友佑
　　　横山あゆみ　江口詩萄　小林玄　小西茉莉花　早坂美緒
金属加工：藤原隆志
美術応援：菊池洋智　亘勇樹　角田綾　島﨑祐輔　村上秀一　金英恵　村田茜

グラフィックデザイン：根岸純子　池田歩生　芝田優和　佐野友美　大町駿介
　　　　　　　　　　Käthrine Yan
タイトルロゴデザイン：駒崎友海
写真提供：小川由行　フジサワケンジ
プリビズ出演者：渡邊とかげ　笹野鈴々音　加賀凪　海老根理　永滝元太郎
　　　　　　　佐々木ゆき　石澤美和　松下仁　広島瞳　福原幸穂　金子しんぺい
プリビズコーディネート：小泉雅世
プリビズキャスティング：森千江子
振付：石井咲
声優キャスティング：加藤孝史　小寺泰史　森田十三江　大谷紗耶香
VFXスーパーバイザー：桑原雅志
CGプロダクションマネージャー：五十嵐章
CGプロデューサー：福永誠二　西峯知邦
CGディレクター：山本正太　渡辺一基
VFXアーティスト：菅野洋平　鈴木啓史　山田悠作　鈴木裕也　野中健太
　　　　　　　　田代恭規
オフライン編集：小野寺純一
データローダー：石井栄太
編集：帆足誠　松村桜子　西村篤
チーフテクニカルディレクター：石田記理
テクニカルディレクター：小越将
ラボコーディネート：露木裕子
カラーサイエンス：長谷川智弘
カラリスト：原田麻子
カラリストアシスタント：則兼智志
サポート：中村謙介
レタッチ：湯山圭　野間実　帆足誠　高木陽平　金園智子　小曽根豪　黒田さおり
　　　　小嶋悠介　原田賢介　田中秀典　宇佐瀬莉　宍戸佑樹　菅井忠幸　西村篤
　　　　小平和也　松村桜子　勝又祥　深町響　前川友里恵　川崎琴美　小池俊範
　　　　八坂遼太郎　小沢隆正　加藤由望子　大道絵美子　戸部直人　中野一生
　　　　堤祐輔　中野裕介　式坂耕二　石田延哉　杉本純子　小林奈津子　田島広之
　　　　塚氏陽大　山崎忠幸　坂下登　大西正人　真田尚始　三宮早貴　岸野眞子
　　　　茶谷歩見　岩下純也　吉本国広　西脇寿郎　山下大輔　尾山未佳
　　　　佐々木美奈　西村大寿
音響監督：町田薫
レコーディングエンジニア：伊東光晴
レコーディングエンジニアアシスタント：森楓
スタジオコーディネート：山口翔司　本間修　江口恵子
音響効果：安江史男
法務協力：水戸重之　原田孝史
広報：岡田由里子　木梨綾乃　佐藤飛鳥
制作デスク：北崎朋子
制作経理：品田透
ケータリング：立道穿了　加藤あかね
音楽：岸田繁
主題歌：「SAMPO」 くるり
NOISE McCARTNEY：久米浩太郎　谷本智美　山本幹宗　関根直　堀江元気
SPEEDSTAR RECORDS：菊地豊　藤井新兵衛　櫻木みなみ　松元直樹
　　　　　　　　　　藤見俊彦　小野朗
ミュージシャンコーディネート：加倉井愛子　小方麻里衣

株式会社ティー・ワイ・オー　／　株式会社TTR CRANK　／　株式会社メディア・ガーデン
株式会社IMAGICA Lab.　／　株式会社タバック　／　株式会社レイ
株式会社ビジュアルマントウキョー　／　株式会社PECO　／　株式会社VROOOOM
Mackinnon&Saunders Puppet Workshop　深喜毛織株式会社
株式会社ケイズデザインラボ　／　ラララボラトリー　／　CRAFT WAT!　／　玩具箱
フシギナ／株式会社CARNIVAL／有限会社プレジオ／有限会社福楽
株式会社ハタデコラティブアート／株式会社グレイ美術
株式会社マーブリングファインアーツ／ストライプ／有限会社ハル
有限会社光製作所／有限会社ローカスト／株式会社ワンオー
株式会社イー・スピリット／株式会社ヘリンボーン／有限会社日音
イマジネイション／株式会社舞夢プロ／有限会社ケーウイング／beautiful people
NOISE McCARTNEY　／　SPEEDSTAR RECORDS

制作・プロデュース：ドワーフ
製作・著作：サンエックス株式会社

127

Staff

デザイン	清水佳子 (smz')
編集協力	岡田由里子 (dwarf)
	桐野朋子 (サンエックス株式会社)
写真提供	Netflix
校閲	株式会社　文字工房燦光
取材・編集	熊田唯子

※本書に掲載している制作資料はあくまでも
　撮影関係者間で共有する目的で作成されたものです。

The ART of
リラックマとカオルさん

主婦と生活社　編

編集人　殿塚郁夫
発行人　倉次辰男

発行所　主婦と生活社
　　　　〒104-8357
　　　　東京都中央区京橋3-5-7
　　　　編集　03-3563-5133
　　　　販売　03-3563-5121
　　　　生産　03-3563-5125
　　　　ホームページ　http://www.shufu.co.jp/

印刷・製本　図書印刷株式会社
SAN-X ホームページ　https://www.san-x.co.jp
©2019 San-X Co., Ltd. All Rights Reserved.

＊製本にはじゅうぶん配慮しておりますが、落丁・乱丁がありましたら、小社生産部にお送りください。送料小社負担にてお取り替えいたします。
＊Ⓡ本書の全部または一部を複写複製（電子化を含む）することは、著作権法上の例外を除き、禁じられています。本書をコピーされる場合は、事前に日本複製権センター（JRRC）の許諾を受けてください。また、本書を代行業者等の第三者に依頼してスキャンやデジタル化することは、たとえ個人や家庭内での利用であっても一切認められておりません。
※JRRC [http://www.jrrc.or.jp/　eメール: jrrc_info@jrrc.or.jp　☎03-3401-2382]

©主婦と生活社2019
Printed in Japan　ISBN978-4-391-15388-0